U0082284

金銀生輝

金銀文化與藝術特色

李俊勇 編著

崧燁文化

目錄

序言 金銀生輝

文化是民族的血脈，是人民的精神家園。

文化是立國之根，最終體現在文化的發展繁榮。博大精深的中華優秀傳統文化是我們在世界文化激盪中站穩腳跟的根基。中華文化源遠流長，積澱著中華民族最深層的精神追求，代表著中華民族獨特的精神標識，為中華民族生生不息、發展壯大提供了豐厚滋養。我們要認識中華文化的獨特創造、價值理念、鮮明特色，增強文化自信和價值自信。

面對世界各國形形色色的文化現象，面對各種眼花撩亂的現代傳媒，要堅持文化自信，古為今用、洋為中用、推陳出新，有鑑別地加以對待，有揚棄地予以繼承，傳承和昇華中華優秀傳統文化，增強國家文化軟實力。

浩浩歷史長河，熊熊文明薪火，中華文化源遠流長，滾滾黃河、滔滔長江，是最直接源頭，這兩大文化浪濤經過千百年沖刷洗禮和不斷交流、融合以及沉澱，最終形成了求同存異、兼收並蓄的輝煌燦爛的中華文明，也是世界上唯一綿延不絕而從沒中斷的古老文化，並始終充滿了生機與活力。

中華文化曾是東方文化搖籃，也是推動世界文明不斷前行的動力之一。早在五百年前，中華文化的四大發明催生了歐洲文藝復興運動和地理大發現。中國四大發明先後傳到西方，對於促進西方工業社會發展和形成，曾造成了重要作用。

中華文化的力量，已經深深熔鑄到我們的生命力、創造力和凝聚力中，是我們民族的基因。中華民族的精神，也已深深植根於綿延數千年的優秀文化傳統之中，是我們的精神家園。

總之，中華文化博大精深，是中華各族人民五千年來創造、傳承下來的物質文明和精神文明的總和，其內容包羅萬象，浩若星漢，具有很強文化縱深，蘊含豐富寶藏。我們要實現中華文化偉大復興，首先要站在傳統文化前沿，薪火相傳，一脈相承，弘揚和發展五千年來優秀的、光明的、先進的、科學的、文明的和自豪的文化現象，融合古今中外一切文化精華，構建具有

中華文化特色的現代民族文化，向世界和未來展示中華民族的文化力量、文化價值、文化形態與文化風采。

　　為此，在有關專家指導下，我們收集整理了大量古今資料和最新研究成果，特別編撰了本套大型書系。主要包括獨具特色的語言文字、浩如煙海的文化典籍、名揚世界的科技工藝、異彩紛呈的文學藝術、充滿智慧的中國哲學、完備而深刻的倫理道德、古風古韻的建築遺存、深具內涵的自然名勝、悠久傳承的歷史文明，還有各具特色又相互交融的地域文化和民族文化等，充分顯示了中華民族厚重文化底蘊和強大民族凝聚力，具有極強系統性、廣博性和規模性。

　　本套書系的特點是全景展現，縱橫捭闔，內容採取講故事的方式進行敘述，語言通俗，明白曉暢，圖文並茂，形象直觀，古風古韻，格調高雅，具有很強的可讀性、欣賞性、知識性和延伸性，能夠讓廣大讀者全面觸摸和感受中華文化的豐富內涵。

肖東發

金銀之源 夏商兩周金銀器

　　在甘肅省玉門夏代古墓中，發現了鑄造粗糙的金耳環，這是中國發現的最早的金飾器實物。商代的金器以裝飾品占主導地位，器物類相對較少。

　　河南省安陽殷墟遺址出土的眼部貼金虎形飾及金片、金葉、金箔等裝飾，四川省廣漢三星堆商代祭祀坑中，發現的金面罩和金杖等祭祀用的金器說明，金器在商代已得到社會上層廣泛使用，夏商西周時期還沒有銀器發現。

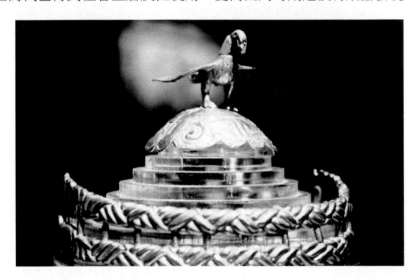

▋夏代火燒溝發軔的金銀器

　　夏朝是中國歷史上的第一個朝代。《史記·夏本紀》注引《集解》等書說，夏朝「從禹至桀十七君，十四世」，共四百七十一年。夏朝的主要活動地區在河南西部潁水上游和伊河、洛河下游及山西晉南地區。

　　與夏朝文化遺址同時存在的其他氏族、部落的文化遺址主要有黃河下游齊魯地區的岳石文化、黃河上游的齊家文化，長江中游荊楚先民的石家河文化和長江下游吳、越先民的晚期良渚文化等。

夏朝是中國第一個奴隸制王朝，與夏朝並存的還有全國各地的氏族、部落、部落聯盟。這些分布在中國的早期國家和氏族、部落集團共同發展了經濟，共同創造夏代的歷史。

在甘肅省玉門市清泉鄉火燒溝文化遺址，有一個稱為「火燒溝原始村」的地方，其中「建草蓬泥屋八座」展現了河西先民的生活圖景。

■對鳥紋金飾片

因遺址處於一條紅土山溝旁，山溝土色紅似火燒故名火燒溝遺址。該遺址中有大量新石器文化遺存，距今三千七百年左右，屬夏朝末期，被稱為火燒溝文化。

火燒溝文化遺址中發現了中國最原始的金器，主要是金耳環、合金鼻環等飾物。雖然鑄造粗糙，但卻開了中國金銀器實物之先河。

透過火燒溝遺址中發現的大量夏代青銅器和冶煉作坊，說明這裡是中國夏商時代重要的冶煉中心。

中國最古老而又比較確實的地理書籍《禹貢》和《周禮·夏官·職方氏》中，有關夏朝「九州」的記載，均包括了河西走廊，從中可以看到，河西走廊全境都包括在九州之中，是夏朝疆域的西陲。

因此，河西走廊並不是華夏文明之外的蠻荒之地。很多文獻展現出的是河西走廊文化的先進性，例如《新語·術事篇》上說：「大禹出於西羌」；司

馬遷《史記·六國表》中說：「禹興於西羌」；《荀子·大略》也說：「禹學於西王母國」等。

這些古代文獻和火燒溝的考古資料，共同印證了河西走廊在中國夏代時期不但與華夏有著密切的聯繫，而且有著最先進的文化。

火燒溝文化是羌文化，《說文解字》說：「羌，西方牧羊人也。」位於夏朝西陲的火燒溝墓葬中，發現的四羊頭銅權杖柄、羊頭柄彩陶方杯，尤其是成規格的隨葬羊骨，都體現了典型的羊文化特點。

而在火燒溝文化東面的齊家文化各遺址，甚至臨近火燒溝的東灰山遺址，均不見這樣典型的羊文化特點。從這些遺址中的獸骨，均以豬為主，羊骨極少，因此火燒溝所在的河西走廊西部應是早期的羌文化所在地，火燒溝人應是早期羌人的一支。

尤其重要的是，火燒溝人的黃金製造水平也是高超的。火燒溝遺址中發現的齊頭合縫的金耳環數量較多，純度很高，微泛紅色。

火燒溝人除了懂得如何冶煉青銅，而且能冶煉其他合金，這說明火燒溝的金屬製造業已達到相當高的層次了。

【閱讀連結】

火燒溝遺址還發現了一個金屬鼻環，這個鼻環呈銀白色，密度較大，外表光亮。

它不可能是純銀，因為銀經過幾千年早就氧化發黑；也不會是純金，因為金是黃色的。但有一點應是肯定的，即它是由合金製成，估計金、銀是其主要成分。

▌展現金屬之美的商代金器

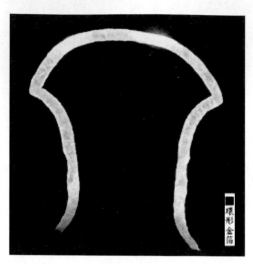

■環形金箔

　　商朝時期青銅工藝的繁榮發展，為金器的發展奠定了雄厚的物質和技術基礎，同時青銅、玉雕、漆器等工藝的發展，也促進了金器工藝的發展，並使金器得以在更廣闊的領域中，以更多樣的形式發揮其審美功能。

　　商代金器大多為裝飾品，而最常見的金箔，多用於其他器物上的飾件，或者說，是以和其他器物相結合的形式來增強器物的美感。

　　商代最主要的遺址是殷墟，這裡發現的金箔十分輕薄，從厚度看，當時的錘揲工藝已相當高超，也說明商代工匠對金子的延展性有了相當深刻的認識，不然不可能加工到如此輕薄的厚度。

　　北京市平谷劉家河商墓發現的幾件金器，金耳墜，高三點四公分，墜部直徑二點二公分，重六點八克，耳墜部呈扇形，往上由粗及細彎成半圓形，尾端收束成尖錐形；金臂釧周長約三十九公分，截面直徑○點三公分，釧直徑十二點五公分，其中一件重九十三點七克，另一件重七十九點八克；金簪長二十七點七公分，頭寬二點九公分，尾寬○點九公分，重一百○八點七克，器身截斷面呈鈍三角形，在其尾端有一長約○點四公分的榫狀結構，可能原鑲嵌有其他裝飾品。

臂釧即臂環，古代稱臂環為釧。《正字通·金部》上說「古男女同用，今唯女飾有之」，《南史·王玄象傳》中也講「女臂有玉釧」；由此可以看出，臂釧在早期是男女都佩帶的飾物，以後才成為女性特有的一種裝飾品。

臂釧種類很多。劉家河商墓金臂釧用直徑〇點四公分的金條相對彎成環形，環兩端錘扁呈扇形，整體光素無紋飾，造型簡潔明快。

劉家河商墓的這些金器不僅器形完整，而且髮飾、耳飾、臂飾齊備，構成一個品類繁多的系列，十分罕見。

經測定，這些金器的含金量在百分之八十五以上，另雜有少量的銀和微量銅。

從工藝上看，金簪係用範鑄法成型，金耳墜和臂釧則是錘揲而成，造型都比較簡樸，並無紋飾和其他裝飾。這也是發現最早的成套金首飾。

劉家河商墓中的扁喇叭形金耳環、金簪等飾物，地方色彩十分鮮明，極有可能是商朝周邊少數民族製造的飾品。

這些器物與北京、河北、遼寧等地夏家店下層文化墓葬中的金或銅質飾件形制相同，說明商代貴金屬工藝的發生和發展與夏家店文化有密切的聯繫。

另外，在河南省安陽殷墟武官大墓中發現有環狀金片，其中殷墟侯家莊一座葬坑中發現六枚包金銅泡，是用圓形金片的周邊折入銅泡的背面，使金箔牢固地包在泡面上的，方法十分巧妙，此為金箔飾銅器數例。

木器貼金的器物較多，河南省安陽大司空村一座殷墓車馬坑輿上，中間有三片重疊一起的圓形金片飾，直徑為十二公分，有可能是傘蓋上的裝飾。

安陽小屯一座殷墓車馬坑輿內西部出土金箔片，金箔呈南北縱列，當是鞭桿之飾。桿飾自頂端玉飾下分八節，每節用金片相對地飾於桿上，桿徑約兩公分，桿末端十公分間為手柄，沒有金飾。金片長五點五至六點五公分、寬一至一點一公分，總重三點九克。

此外，殷墟侯家莊一座墓中發現的橋形金片，片上有釘孔，可能是釘於木器上的箔飾。

安陽殷墟婦好墓發現的一件玉虎，其眼睛處貼金箔以點睛。

河北藁城台西村的商墓中的漆盒上貼有金箔，厚不到一毫米，箔片殘存半圓形，正面陰刻雲雷紋，背面遺有朱漆痕跡。

藁城台西遺址商代墓葬中還發現有金臂釧、金耳環、金簪等金器。

將商王朝統治區與周邊地區發現的金器進行對照會發現，它們應屬不同的文化系統。在形制和紋飾上，各自的地域文化特點十分鮮明。

商王朝統治區的黃金製品大多為金箔、金葉和金片，主要用於器物裝飾。在商王朝北部地區的金飾品，主要是人身佩戴的黃金首飾。

這個時期所發現的金器中，最令人矚目的是四川省廣漢三星堆遺址和金沙遺址的一批金器，不僅數量多，而且形制別具一格，這反映出中國早期文明發展的多元性和不平衡性。

古蜀族是世界上最早開採和使用黃金的古老的民族之一，在相當於中原殷商時期就已經熟練地掌握了黃金的加工技術，製作了精美絕倫的金杖、黃金面罩、金虎、金葉、金魚、金璋等多種黃金動物圖形和裝飾品。

這些黃金飾品，不僅展現了古代蜀人高超的金箔加工製作技藝，而且具有豐富的文化內涵，這些金箔加工工藝也代表了商代最早的黃金製品水平，能揭示三星堆古蜀文明的珍貴資料和重新認識中國早期黃金的冶煉水平，具有很高的研究價值。

三星堆遺址的黃金器是商文化遺址中最豐富的。

一是種類多，有金杖、金面罩、金箔虎形飾、金箔魚形飾、金箔璋形飾、金箔帶飾、金料塊等。

二是形體大，一、二號坑均有金面罩。二號坑的銅頭像上有的貼有金箔面罩，構成金面銅頭像。可以推測，金箔面罩原來都是黏貼在銅頭像上使用的。一、二號坑中豐富的黃金器也是三星堆遺址晚期遺存的重要特徵。

　　三星堆遺址的黃金製品，還有金箔或金片製成的金虎、金葉、金魚、金璋、金帶等，此外還有金料塊。在這些黃金製品的製作工藝上，採用了捶鍛平展、剪裁修整、平面雕刻等手法。

　　如金葉，形似細長的葉子，上面用淺雕手法刻畫了多組「∧」形的平行線條，在每組「∧」形線條之間布滿刺點紋，顯示出獨特的裝飾效果；葉片柄端兩側有小缺口猶如魚頭形，並有小孔，可供穿繫所用。

　　在三星堆的黃金製品中，其中一號祭祀坑的一柄金杖，堪稱金器中的絕世珍品。它全長一點四二公尺，直徑為二點三公分，用捶打好的金箔，包捲在一根木桿上，淨重約五百克。木桿早已炭化，只剩完整的金箔。

　　金杖杖身上端有三組人、魚、鳥圖案，說明金杖既被賦予著人世間的王權，又被賦予著宗教的神權，它本身既是王權，又是神權、政教合一的象徵和標誌。

　　靠近端頭的是兩個前後對稱的人頭像，頭戴五齒高冠，耳垂三角形耳墜，面帶微笑。另兩種圖案相同，上方是兩隻兩頭相對的鳥，下方是兩條兩背相對的魚。它們的頸部，都疊壓著一根似箭翎的圖案。

　　圖案的意義大致是：在神人的護佑下，箭將魚射中，鳥又馱負著帶箭桿的魚歸來。

　　這是一柄權杖，同時又可看作是具有巫術原理的魔杖。傳說蜀的國王魚鳧是以漁獵著稱，因而後世尊奉為神，這柄金杖有可能和魚鳧氏的傳說有關係。這支金杖的圖案，有魚有鳥，當印證是魚鳧王所執掌。

　　黃金面罩是古蜀人使用黃金製品方面的又一傑作。從製作工藝上看，是先將純金捶鍛成金箔，然後做成與青銅人頭像相似的輪廓，將雙肩雙眼鏤空，再包貼在青銅器人頭像上，經捶拓、蹭試、剔除、黏合等工序，最後製成與青銅人像渾然一體的黃金面罩。

　　在三星堆眾多的金器中，金面銅頭像由銅頭像和金面罩兩部分組成，金面人像高四十一公分，銅頭像為平頂，頭髮向後梳理，髮辮垂於腦後，髮辮上端紮束。

金面罩大小、造型和銅頭像面部特徵相同，雙眼雙眉鏤空，用土漆調和石灰作黏合劑，將面罩黏貼於頭像上。頭像尊嚴高貴、氣度非凡，這金光熠熠、耀人眼目，儼然王者風範的「金面使者」乃當時社會高層人士，掌握生殺大權，具有首領的統治意味。

從三星堆青銅頭人像上包金面罩的情況來看，早在商代，蜀人就知道黃金為尊，所以他們才在銅頭像上再包貼金面罩，其目的並非僅僅為了美觀，而是為了得到神靈的歡娛，以使銅頭像代表的神靈更靈驗一些。

同時，從金箔面罩可以看出，三星堆青銅人物雕像的面部有相當部分是高鼻、深目，頷下留一周鬍鬚的形象，這種風格顯然同商周時代中國的各種人面特徵不同。

而在藝術風格上，三星堆青銅人物雕像的面部神態幾乎都是莊嚴肅穆，眼睛大睜，尤其是著意表現雙眼在面部的突出地位，這同西亞近東青銅雕像的藝術風格表現出一致。

另外，三星堆金面人頭像，像高四十八點五公分，人頭像為圓頂，面罩與面部結合緊密，倒八字長眉，杏核狀眼，蒜頭鼻，闊口，閉唇，寬方頤。長方形耳廓，飾雲雷紋，耳垂穿有一孔。

發現於三星堆遺址一號祭祀坑的金箔虎形飾，高六點七公分，寬十一點六公分，用金箔錘拓而成。巨頭，昂首，口大張，眼鏤空，大耳，身細長，飾虎斑紋，前足伸，後足蹲，尾上捲，呈咆哮狀。

三星堆遺址二號祭祀坑的金箔魚形飾長二十二點六八公分，寬一點八五公分，形似鯰魚，又似細葉，從一面鏨鑿形線和刺點紋。頭端戳有一小空，兩側鏨一個小缺口。

四川省成都市西部的金沙村遠古文明遺址，在一千多件遺物中，包括三十件金器。以金箔和金片為主，有金杖、金面罩、金面具、金帶、太陽神鳥金飾、盒形器、喇叭形器、四叉形器、圓形飾、蛙形飾、虎形飾、魚形飾等。

這些金器採用的是錘揲、剪切、刻畫、模沖、鏤空、打磨等多種技法加工，其厚度一般為〇點〇二公分至〇點〇三公分，最厚的約〇點〇四公分，含金

量百分之八十三點三至百分之九十四點二，其中有些工藝技術已達到較高水平，許多金器都是商代晚期至西周時期黃金工藝技術的代表之作。

一系列的發現表明，金沙遺址的金器具有濃厚的地域性特色，金沙先民有獨特的「黃金崇拜」。首先是數量多，形制豐富，達幾十種；其次，這些金器基本都是器物上的附件；再次，金面具等人物形象的金器在中國相當罕見；最後，金器的造型和圖案有強烈的象徵意義，包含著豐富的古代歷史訊息。

其中，金冠帶上的圖案反映的是古蜀人對祖先和鳥的崇拜，太陽神鳥金飾則反映了古蜀人對太陽的崇拜。

金冠帶呈圓環形，直徑上大下小，十九點六至十九點九公分，寬二點六八至二點八公分，厚〇點〇二公分。

金帶表面紋飾由四組相同圖案構成，每組圖案分別有一魚、一箭、一鳥和一圓圈。這件冠帶上的紋飾與三星堆器物坑金杖上的紋飾基本相同，都是以鳥、魚、箭、人頭為主要構圖元素組成的圖案。

金冠帶與金杖都可能是當時古國古族至高無上的王權與族權的體現與代表，標示著金沙遺址與三星堆遺址的統治者在族屬上的同一性或連續性。

金帶表面紋飾主要以鏨刻的技藝完成，在局部紋飾中採用了刻畫工藝。圖案中魚體寬短，大頭圓眼，嘴略下鉤，嘴上有鬍鬚，魚身刻畫鱗片，身上有較長的背鰭，身下有兩道較短的腹鰭，魚尾作「Y」字形，兩尾尖向前捲曲。箭頭插於魚頭內，箭桿較粗，帶尾羽，魚的鬍鬚處採用刻畫工藝。

鳥位於箭桿後方，鳥頭與魚頭朝箭羽方向，鳥為粗頸，長尾，大頭，鉤喙，頭上有冠，翼展較小，腿爪前伸，鳥爪亦採用刻畫工藝。

圓圈紋位於每組圖案之間，直徑約兩公分，外輪廓由兩道旋紋構成，中間有兩個對稱的小圓圈，仍為兩圈旋紋構成，每個小圓圈的上下各飾有一長方形方框，組成一個圖案。

整個圖案內容表現的是人用箭射魚，箭經過鳥的側面，箭頭深插於魚頭內，所以這件金冠帶稱為「射魚紋金帶」。

而這件特別的太陽鳥金飾件，在金飾上刻畫著的是「太陽」和「鳥」的清晰圖案。伴隨著顯示王權的大量玉器、金器的發現，足以證明這件金飾極有可能就是古蜀王舉行盛大祭祀典禮遺存下來的寶物。

太陽神鳥金飾總體呈圓形，器身極薄。外徑十二點五公分，內徑五點二九公分，厚度〇點〇二公分，重量二十克。整器呈圓形，器身極薄。

圖案採用鏤空方式表現，分內外兩層，內層為一圓圈，周圍等距分布有十二條旋轉的齒狀光芒；外層圖案圍繞在內層圖案周圍，由四隻相同的逆時針飛行的鳥組成。

四隻鳥身較瘦長，翅膀短小，喙微下鉤，短尾下垂，爪有三趾。鳥首足前後相接，朝同一方向逆時針飛行，與內層漩渦旋轉方向相反。

太陽神鳥金飾整個圖案似一幅剪紙作品，線條簡練流暢，極富韻律，無論是外層的四隻飛鳥，還是內層旋轉的太陽，都充滿強烈的動感，富有極強的象徵意義和極大的想像空間。

特別是在紅色背景襯托下，裡面的漩渦就如同一輪旋轉的火球，周圍飛鳥圖案分明就是紅色的火鳥。外層飛行的神鳥和內層旋轉著的太陽，表現的正是古蜀人對太陽神鳥和太陽神的崇拜和謳歌。

太陽神鳥金飾生動地再現了遠古人類「金烏負日」的神話傳說故事，四隻神鳥圍繞著旋轉的太陽飛翔，周而復始，循環往復，生生不息。

有研究認為，其外層四鳥也代表春夏秋冬四季輪迴，內層十二道芒紋代表一年十二個月周而復始。這是古代蜀人崇拜太陽的物證，也許當時古蜀人已經掌握了歲、時、月的概念以及形成的原因。

另外，從這個太陽神鳥金箔飾本身形象來看，內層的十二道漩渦狀光芒，既像一道道火苗，又像一根根象牙，也像一輪輪彎月，極富美感。

　　古蜀人把所能夠理解並掌握的自然現象和自然規律，總結為科學知識，如天文曆法知識等；而把不理解的自然現象就歸之於神祕的宗教崇拜和神話傳說。

　　一方面祭祀祈禱天神和日神保佑；另一方面順應天時，總結自然規律，利用自然規律，科學地安排生產和生活。同時，古蜀人首先又利用曆法為農業生產服務。

　　古人採用觀象授時的辦法，來預告農事進程，即觀測自然現象來判斷農事季節。因此，鳥也可以代表四季。曆法的先進性就是以曆年和太陽的回歸年之間的無限接近為前提，而要準確地測量回歸年，最簡單而又確切的方法是測量日影的長度。因此，崇拜太陽和鳥的古蜀人在總結曆法的過程中，離不開太陽和鳥。

　　隨著社會的進步，知識的積累，經過一代代巫師和古蜀人的努力，曆法也在逐步得到改進。因此，宗教崇拜，尤其是太陽和鳥崇拜及曆法，都在古蜀人的生產和生活中有至關重要的作用，也是古蜀文化中的重要元素。

　　雖然很多古代器物中都有太陽形圖案，但是剛好十二個，說明蜀中的天文曆算特別發達，有其獨特的系統，產生深遠影響。

　　古蜀人使用曆法的發展，除了不斷總結自然規律、不斷進步以外，也借鑑了中原地區以及其他地區的曆法知識。

　　文獻資料和考古材料都證明，古蜀人與其他地區，尤其中原地區的交流自古就有，而且從來沒有間斷過。

　　太陽神鳥金飾構圖凝練，是古蜀人豐富的哲學思想、宗教思想，非凡的藝術創造力、想像力和精湛工藝水平的完美結合，也是古蜀國黃金工藝輝煌成就的代表。

　　金沙遺址還發現中心孔圓形金飾，穿孔在圓心，器表略弧。器內壁有細微磨痕。直徑一點一公分。還有邊緣孔圓形金飾，穿孔則在器物邊緣，器身平整。

而這一件環形金飾，素面，殘長十五點九公分，寬一點〇四公分，環面寬窄不等，器身多有銅鏽，環內外邊緣有內捲痕跡。

　　金沙遺址竟然還有一件金盒，橢圓形，無蓋，平底略外弧，高三點一三公分，寬二點九七公分，長九點四三公分。近沿外有多處擦痕，器表曾作拋光處理，器壁不平整，有破損。

　　金沙遺址也發現有金面具，高三點七四公分，寬四點九二公分。圓臉，耳朵外展，耳廓線清晰，耳垂上有孔，但未穿通。梭形雙眼鏤空，鼻梁高直，鼻翼與顴骨線相連，大嘴微張，鏤空而成。器表作拋光處理，內壁則較為粗糙。

　　金沙遺址中的蛙形和魚形金飾也很有特色，其中蛙形金飾，長六點九六公分。器呈片狀，頭部呈尖桃形，並列一對圓眼。「亞」字形身，背部中間有一脊線，前後四肢相對向內彎曲，尾端尖。脊兩側飾對稱弦紋，由背脊處延至四肢，弦紋內飾一排連珠紋。

　　而魚形金飾，長四點九公分，柳葉形，頭部有一圓形小穿孔，身上鏨刻有魚刺紋和點紋。

　　除此之外，另有幾件金飾也各具特色。

　　如喇叭形金器，口徑九點八公分。器較矮，小平頂，頂上有一個不規則穿孔。器表不平整，內外壁均拋光，留有零亂的細密劃痕。

　　還有「几」字形金器，器呈「几」字形，長四十九公分，外緣不規整，有內捲痕跡。附有銅鏽，拋光處理。

　　條形金飾，素面。殘長十四點七公分、寬一點六公分。

　　三角形金器，長二十五公分。器呈圓角三角形，器一端有長方形柄。器外緣內捲，身中部有一裂縫。

　　除此之外，商代葬墓中位於死者身體貼近部位的，多為飾於衣帽上的金箔。

如山西省保德林遮峪村商墓發現的兩件赤金弓形飾，形狀一樣，高、寬、厚各為十一點一公分、二十六公分、〇點五公分和十三公分、二十九點一公分、〇點五公分，總重量是兩百一十五克，含金量達百分之九十五。這兩件箔飾的兩端各有一穿孔，位於死者胸部，當是縫綴在衣服上的一種裝飾。

山西石樓桃花莊商墓死者的頭骨處有一帶狀金片，長、寬、厚各為五十七點六公分、四點八公分、〇點〇五公分，重約一百五十克，兩窄端各有穿孔，據考證，墓主人以圓箍形「頰」或額帶束髮，金片是上面的裝飾。

【閱讀連結】

在四川古史傳說中，曾留下了許多與黃帝、顓頊、大禹有關的記載，說明古蜀族與華夏祖先有著極深的淵源。在殷墟甲骨卜辭中至少有七十條記載了蜀與商之間的關係。

大量的器物證明，四川盆地的先秦考古學文化，受到中原地區、長江中下游地區和甘青地區等文化的強烈影響。

三星堆燦爛的金器展示了那個時代所特有的風貌，而這些金器所體現出的價值也不斷地為瞭解古蜀國，提供了可靠的實證資料。在當時的環境和條件下能夠掌握黃金的淘洗加工技術，而且又從挖掘的這些考古遺物上看，說明冶煉、捶鍛、碾製已具有較高的水平。

特別是金杖、金箔面罩、金箔葉之類的工藝精湛內涵豐富的黃金製品，說明古蜀王國在製作工藝上居於世界領先地位，而且在黃金製品的用途和內涵方面更顯示出了鮮明的特色和無窮的魅力。

▋好德尚禮的西周時期金器

中國自古就崇尚人的品德，西周人尤其好德，有一則與金子有關故事可以說明：

當時，魯國人秋胡才娶妻五天，就到陳國做官，這一去，過了五個年頭才回來。

路上秋胡看見一個採桑的婦人，十分喜歡，就下車拿金子去引誘，可是那採桑的婦人毫不理會。

秋胡悶悶不樂地回到家裡，就捧出金子獻給他的母親，隨後又喚妻子出來，誰知就是剛在路上調戲的採桑婦人，秋胡頓時驚得目瞪口呆！

只聽他妻子說：「你因為喜歡女子而給她金子，這是忘記自己的母親了，忘記了母親，就是不孝；貪戀女色，動了淫心，這是汙穢自己的品行，也就是不義。你孝義兩件都丟失了，我實在羞於見你。」說完就奔出門，投河而死。

在中國古人的眼中，認為好的德行才能是世間最珍貴的東西，也是一個人能謹守一生、不會丟失的最大財富。所以在十分強調禮制的周代，秋胡的下場也就可想而知，孔子後來一心要恢復的就是周禮。

當然，中國文化既有這種嚴厲苛責自己的一面，也有極其寬容大度的另一面，那就是浪子回頭「金」不換，只有在這兩方面的牽制與中庸，文化才不會在物慾裡迷失。

由於西周人並不崇尚奢華，所以當時的金製品也非常少見，西周的金飾主要是河南省三門峽虢國墓地發現的金帶飾，其中圓形飾七件，長方形飾一件，獸面紋飾三件，類似虎頭形，另有一件為鏤空獸面紋三角形飾，大小共計十二件，總重四百三十三克。

其中三角龍形金帶飾高一點六五公分，重九十三點七克。三角錐體狀，外折邊且有八個方形小穿孔。器表作兩組單首雙身龍形，頂端為浮雕式，龍頭上有螺旋形雙角，口旁一對獠牙，捲鼻，吐舌，紋樣間隙鏤空。

獸首形金帶扣高兩公分，重三十九點一克。獸首，牛鼻，雙角尖有短梯形豁口，下有獠牙。

虢國墓地的金帶飾的製作工藝均為鈑金澆鑄成型，而且運用了鏤空工藝。這些金飾件都位於棺內屍體腰部，估計應是腰帶上的飾件。

山西省曲沃西周晉侯墓中，也發現兩組分別十五件和六件的金腰帶飾，可以看出西周時期已開始流行成套的金飾品。

　　此外，在北京市琉璃河的西周燕國墓裡發現了一件木胎漆，器身上鑲有三道金箔，下面兩道金箔上還嵌有綠松石，這是發現最早的一件金平脫古器。

　　金平脫工藝的出現，說明金器工藝從商代發展到西周，已經有了小小的進步，也可以看作是金工藝尋求獨立發展的萌芽。

　　儘管西周時期的金製品非常少見，但從已發現的實物看，明顯存在著地區差別。北方長城內外地區多純金製成的首飾類器物，如金耳環、金臂釧等，而中原地區和西南地區卻多用薄金工藝把黃金加工成箔片，然後貼、包於銅器和漆木器之上，用於裝飾。

　　如甘肅省禮縣大堡子西周晚期的秦人墓中發現的金飾片，有金虎兩件，鴟鴞形金飾片八件，口唇紋鱗形金飾片二十六件、雲紋圭形金飾片四件、獸面紋盾形金飾片兩件、目雲紋竊曲形金飾片兩件，推定為棺木裝飾。

　　其金虎長四點一公分、高十六公分、寬三至四公分。鴟鴞形金飾片高五十二公分、寬三十二公分，以金箔剪裁而成，通身飾變形竊曲紋為翎毛，竊曲紋的餘白中為形狀各異的鏤孔，使得鴟鴞形象異常富麗。

　　這兩件金飾紋路清晰，凸凹起伏，猶如青銅器鑄造出的紋樣。它在錘揲中似採取了加底襯式沖模等高超的手段。從先秦各金箔飾物的具體狀況看，被金箔裝飾的器物有銅器、玉石器、漆器、木器及衣帽等。

　　河南浚縣辛村的西周墓發現的包金銅獸頭一大一小，形制相同，大者長二點八公分、寬二點八公分，小者長二點四公分、寬二點六公分，銅獸頭刻鏤精細，外包金箔薄勻，花紋畢露。

　　墓中還有矛柄飾金箔二十四片，有條形、圓形、人字形、三角形等狀，分貼於矛柄的各部位。

　　金箔貼於玉石器的器物，如陝西省扶風強家的西周墓發現的綠松石柄形器一件，頂端排列整齊綠松石片，並束有一圈金箔片。河南省洛陽北窯的西周墓發現玉柄形器的鞘飾上，也鑲嵌有金箔片。

陝西淳化史家塬的西周墓人骨朽痕處有金片三十一件，亦應是衣物金飾，可分為方形和三角形兩種，方形最大者長四點五公分、寬三點五公分，三角形最大者邊長為二點五公分。

掐絲是金器製作的基本技法之一，其做法是將錘打成極薄的金片，剪成細條，慢慢扭搓成絲，可以單股，也可以多股。另外還有拔絲，是通過拔絲板的錐形細孔，將金料擠壓而入，從下面的小孔將絲抽出，較粗的絲也可直接錘打而成。

陝西、山西北部交界一帶發現的西周時金耳環，通常稱「珥」，共二十六件，形制相似，均是月牙形金片，一端呈螺旋形，另一端為伸出的金絲，或穿有一綠松石。

還有一種是圓圈形，發現於遼寧省朝陽魏營子西周墓，它是用金絲繞成兩圈。內蒙古自治區杭錦旗阿魯柴登的西周末期墓葬中發現的金鎖鏈，則由多股金絲編成，細如毫髮。

【閱讀連結】

西周時，在金器工藝中還發明了鏨刻，《荀子·勸學》說：「鍥而不捨，金石可鏤。」鍥是用刀刻，鏤是雕刻。可知先秦時代多用刻鏤的方法加工金石器物。

在考古學中多稱這種方法為鏨刻或雕鏤，它是在器物成型之後的進一步加工技術，多施用於花紋。從後世金器製造來看，鏨刻工藝十分複雜，工具有幾百種之多，根據需要製作出不同形狀的鏨頭或鏨刀。

一類鏨頭不鋒利，鏨刻較圓潤的紋樣，不致把較薄的金片刻裂，用肉眼就能觀到鏨刻的痕跡，由一段段的短線組成；另一類鏨頭鋒利如鑿子，能鏨出較細膩的紋樣。而在製作實施時又分兩種，一種線條為擠壓出來的，另一種線條為剔出來的。

鏨刻技術產生出豐富多彩的藝術效果，有時為平面雕刻，有時花紋凹凸呈浮雕狀，可在器物的表裡同時使用。金器捶揲成型後，鏨刻一直作為細部

加工手段而使用，也運用在鑄造器物的表面刻畫上，貼金、包金器物的紋樣部分也採用此法。

清新活潑的春秋戰國金銀器

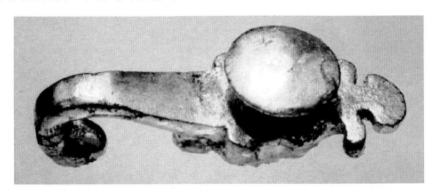

■春秋純金帶鉤

中國東周又分為春秋與戰國，社會變革帶來生產、生活領域中的重大變化。春秋戰國時期，黃金白銀的產量有了明顯的增長，黃金在上層人士中的使用比較普遍，它既是諸侯、貴族之間相互饋贈、賄賂的禮物，是財富的象徵，又是戰爭爭奪的對象和祭祀用的供物。

與黃金一樣，在春秋、戰國時期，帶鉤普遍被王公貴族作為飾物佩戴在身上，尤其金帶鉤材質高貴，造型奇特而別具匠心，也是當時身分的象徵。

帶鉤是古代扣接腰帶的用具，始於春秋，流行於戰國至漢。戰國秦漢時期，帶鉤的使用非常普遍，形制也日趨精巧，長短不一，有短至兩寸，有長達十一吋的，但鉤體都作Ｓ形，下面有柱。有竹節形、琵琶形、棒形、魚鳥形、獸形等，其材質包括金、銀、銅、鐵、玉、瑪瑙各類。

帶鉤不僅有束住絲帶革帶的實用價值及裝飾美化作用，相傳它還為齊國爭霸立下了汗馬功勞。古文獻記載，春秋時魯國管仲追趕公子小白，拔箭向他射去，正好射中他的帶鉤，公子小白裝死躲過了這場災難，後成為齊國的國君，他不記前仇，重用管仲，終於完成了霸業。

帶鉤既是當時的服飾又有裝飾意義，因此貴族們所用帶鉤的工藝特別考究，有些銅、鐵帶鉤也是用包金、鎏金、錯金銀、嵌玉、嵌琉璃或綠松石等方法加工的，品種繁多，製作大多精緻輕巧，是非常珍貴的藝術作品。

在春秋中、晚期，齊、燕、楚、秦等國就已經開始出現帶鉤。山東、河南、湖南、陝西、北京及遼寧等地的春秋至戰國早中期墓葬中都有帶鉤發現。

如江蘇省漣水三里墩戰國墓發現的一件獸形金帶鉤，造型雖為怪獸卻給人一種溫柔可愛的奇妙感覺，線條圓潤、流暢，做工精巧、細膩，整件作品既高貴又清新，鮮明地體現出了儒家人生既要藝術化，又以仁義為依歸的「樂教」傳統。

這一獸形金帶鉤，係採用立雕、淺浮雕、陽刻等多種技法鑄造製成，長十二公分，重兩百七十五克，鉤形似戰國時期流行的琵琶樣式。

紋樣的風格和同期青銅器紋樣的風格一致，帶鉤向上時，整個形象為一呈蹲坐狀的怪獸，鉤似馬首，前肢抬起收於胸前，挺胸勾首，頗為生動。

馬首靠近右眼脖頸處有一明顯凹陷及一較細劃痕，似為重物或尖銳器物所劃傷。帶鉤中部即怪獸腹部顏色較深且粗糙不平，似被汗漬汙染所致。

魯故城墓也發現近十件帶鉤，質地有銀、銅、玉、鐵等，製作工藝有鎏金、錯金銀、貼金和鑲嵌等，堪稱佳品。

如在一座墓中發現的獸頭銀帶鉤，根據位置和共存器物判斷，此帶鉤是佩器鉤。器作琵琶形，鉤首作獸頭形，器身弧形拱起，側視呈「S」形，尾端雕飾捲角獸面紋。兩道細凸棱使鉤身正面呈瓦狀內凹，背面一圓紐，長十五點九公分，寬二點五公分。

戰國時期的異形帶鉤主要為猿形，此外還有龍虎形、牛形、人形等，這些不僅是主人彰顯身分的標誌，還有避邪保平安之意。

這一時期，金銀器分布區域明顯擴大，在南北方都有發現，金銀器的形制種類增多。

其中金銀器皿的出現，及相當一部分銀器的出現，十分引人注目。大型金銀器皿的出現是當時的重要標誌，也是金銀器發展邁出的具有劃時代意義的一步。

中原地區，金箔作為裝飾外包，在春秋時期仍然得到廣泛使用，如陝西省鳳翔縣馬家莊春秋秦宗廟遺址，發現的春秋中期金泡，其中兩件高三點五公分，直徑二點二公分，重十點八克，其餘高〇點二公分，直徑一點八二公分，重五克。

馬家莊春秋秦宗廟遺址的金方泡長二點二公分，寬一點七公分，重兩克。該處還發現春秋中期金節約多件，其中六件長二點一公分，寬一點五公分，重九點五克，一件長二點一公分，寬一點五公分，銅環直徑四點七公分。筒最大直徑為〇點九至一點八公分，重二點二至七克。

山東省沂水劉家店春秋中期墓發現的嵌金漆勺上嵌有三角形、菱形壓花金箔。河南省信陽長台關的楚墓發現兩件繁纓座，為木胎漆器，其正面的某些花紋部分就貼有金葉。這是漆器貼金的五件。其金箔大概是在漆將乾未乾時把金箔貼上去。

安徽省壽縣春秋晚期蔡侯墓中發現金箔十二件，一部分出於墓主腰際，邊有穿孔，其上壓印花紋，有圓形、雲形、燕尾形等，多是貼在漆皮上的，當為衣上裝飾。

北方金銀器主要有裝飾品、兵器飾件和馬飾具，造型以虎、豹、狼、鷹、野豬、怪獸、鹿、牛、羊、馬等動物紋為主，也有少量幾何紋、火焰紋。

如山東省曲阜縣魯國故城遺址發現的戰國猿形銀飾，高十六點七公分。猿猴作回首攀緣狀，姿態極其生動。背面有一圓紐，可能為帶鉤一類器物。

遼寧省凌源縣三官甸子春秋墓也發現一件金獸，長四點九公分，高三點八公分，重二十六點五克。金獸呈鹿形，製造者準確到捕捉了小鹿受驚回首、拔腿欲奔的一剎那。

這個時期，北方的匈奴地區也出現了金銀器。器物多為具有濃郁草原文化特色的動物紋飾件。如在內蒙古自治區伊克昭盟杭錦旗阿魯柴登戰國墓中，

發現唯一的「胡冠」標本鷹形金冠，以及在陝西神木納林高兔村一座匈奴墓中，發現的一批包括金怪獸、金虎、銀虎、銀鹿等動物形象為題材的金銀飾件。

內蒙古自治區鄂爾多斯杭錦旗阿魯柴登，發現的戰國金鑲彩石虎鳥紋飾牌，長四點五公分，以伏虎形圖案為主，虎身鑲嵌紅綠色彩石七塊，虎頭上附加火焰狀角紋，外圍八鳥圖案，突出鳥頭，鳥身簡化，這組飾牌反映了匈奴人對虎的崇拜。

內蒙古自治區杭錦旗阿魯柴登發現一件戰國鷹形金冠飾頂，高七點一公分，重一百九十二克，帶徑十六點五公分，共重一千〇二十二點四公斤。

由冠頂和冠箍兩部分組成。冠頂傲立展翅雄鷹，鷹體由金片作成，中空，身及雙翅有羽毛紋飾。

鷹首、頸由綠松石作成，頸間有帶花邊的金片，類似項鏈。頭部用金絲從鼻孔插入，通過頸部與腹下相連；尾部另作，亦用金絲連接。

鷹下部為厚金片錘揲成的半球形體，表面從中心四等分為九十度的扇面形，其上浮雕四組狼咬羊圖案，狼作臥伏狀，盤角羊前肢彎曲，後肢被狼咬住，作反轉態。

整個冠頂呈現雄鷹俯視狼咬羊的生動情景。冠帶由鑄造的三條半圓形金條組成，前面有上下兩條，中間及末端均有榫卯相合；後面一條兩端有榫與前面一條連接組成頭箍；左右靠近人耳處，分別浮雕臥伏的虎、盤角羊和馬，其餘部分為三股交錯繩索紋。

該冠頂工藝精湛，雍容華貴，具有明顯的北方騎馬民族的裝飾特點，為匈奴遺物中最有代表性的藝術珍品。

還有新疆維吾爾自治區托克遜縣阿拉溝的戰國匈奴墓中，發現的金虎紋圓形飾，直徑約六公分，重二十一點二克。另一件金虎紋條形飾長二十六點五公分，寬三點五公分，重二十七點七克。

　　這些金飾中不僅有個體形象，而且出現了多種動物組合構圖，如虎牛、虎狼、虎鹿等，以動物間爭鬥為裝飾風格，打破了夏家店上層文化那種整齊規範的紋飾布局。

　　內蒙古自治區準噶爾旗西溝畔匈奴墓發現的戰國金雙獸紋牌飾，長十三公分，寬十公分，重兩百九十一點四克。動物的形象以寫實為基調，一些形象予以誇張，具有抽象性。動物反轉式和怪獸造型，又是受分布於黑海北岸、北高加索地區的游牧民族文化斯基泰文化的影響。

　　實物表明，北方金銀器已分別採用了捶揲、壓印、鑲嵌、雕鑄等工藝，無論是製造技術還是裝飾技巧均已達到很高的水平，絲毫不亞於中原地區。

　　從金銀器藝術特色和製作工藝看，南北方差異較大，風格迥異。戰國以後，楚文化和秦文化具有重大影響。而在中原地區的墓葬遺址中，以陝西省寶雞益門村秦國墓葬、河南省洛陽金村古墓、河南省輝縣固圍村魏國墓地、河北省平山縣中山王墓的金銀器最有代表性。

　　河南省輝縣固圍村東周魏國墓地發現一件包金鑲玉嵌琉璃銀帶鉤，帶鉤側視弧曲如橋，俯視造型為當時流行的琵琶式。長十八點四公分、中寬四點九公分，通體銀鑄，表面包金。兩端浮雕方向相背的獸首。獸首有角，雙耳如扁環。

　　帶鉤窄端鑲一支鴨嘴狀白玉鉤，並以陰線刻飾口、眼等細部。鉤背上嵌三枚穀紋白玉玦，兩端兩玦中心各鑲一蜻蜓眼式琉璃珠。鉤背兩側浮雕兩條夔龍，與兩隻長尾鸚鵡，夾繞盤旋。帶鉤局部有點狀鑿飾，有的部分以黑漆勾線、點睛。

　　帶鉤工藝複雜，紋飾豐富，顯示出戰國時期金屬工藝的高超水平。此帶鉤是一件罕見的大型銀帶鉤。輝縣戰國時屬魏，此帶鉤應是魏國貴族所有。

　　此外，河南省洛陽金村戰國末期周墓發現嵌玉金帶鉤三件，金帶鉤作怪獸形，嵌玉透雕虺龍紋，世所罕見。

陝西省鳳翔高莊春秋秦墓發現的金帶鉤，山東省臨淄郎家莊齊墓的兩件金帶鉤、八件銀帶鉤，鉤身均形體細小、光素，鉤首作馬頭或鴨頭形，同屬春秋晚期，是中國時代最早的金銀帶鉤。

河北省平山中山王墓發現嵌金銀帶鉤，江陵望山楚墓的金錯鳳紋鐵帶鉤，長達四十六公分，如此之大的帶鉤較為罕見。

春秋戰國時期，大量錯金銀器的出現，幾乎成為這個時期工藝水平高度發展的一個標誌。

從商代直到戰國末期，在長達一千多年的漫長歲月裡，中原地區的人民似乎一直沉迷在青銅器的光芒之中，對金銀的使用只侷限在裝飾青銅器物。於是出現了中國早期的錯金銀工藝。

在河北省平山縣的戰國墓，是戰國時神祕的中山國的王墓，在墓室的一角發現了一些錯金銀器。

如一對神獸的表面，用粗細不同的銀片和銀絲鑲出變化無窮的斑紋，以強化神獸的神祕感。經過千年的埋藏，曾經光彩奪目的青銅器已經變成黑色，但是上面的錯金銀卻依舊閃爍，毫不褪色。

所謂錯金銀，就是先在銅器模範上做出錯金銀紋的槽路，器物鑄造完成後，再把金銀絲壓嵌在槽路裡面。

如中山王墓戰國銅錯金銀四龍四鳳方案，是戰國時期第一次以實物造型來進行創作。長四十七點五公分，寬四十七公分，高三十六點二公分，方案下部有兩牡兩牝四隻側臥的梅花鹿環列，四肢蜷曲，馱一圓環形底座。

中間部分於環座的弧面上，立有四條神龍，分向四方。四龍獨首雙尾。龍身蟠環糾結之間四面各有一鳳，引頸長鳴，展翅欲飛。上部龍頂斗栱承一方形案框，斗栱和案框飾勾連雲紋。

此案動靜結合，疏密得當，一幅特殊的龍飛鳳舞圖躍然眼前。方案案面原為漆板，已腐朽不存，僅留銅案座。它的造型內收而外敞，突破了商、周以來青銅器動物造型以浮雕或圓雕為主的傳統手法。

　　另外，四隻龍頭上各有一個斗栱，第一次以實物面貌生動再現出戰國時期的斗栱造型。方案周身用金銀錯以豔麗的紋飾。

　　此器造型複雜，各部為分鑄後用鉚接和焊接而成，有的地方曲度較大，是用接鑄或失蠟法鑄成。案框一側沿口上刻有銘文十字：「十四祀，右車，嗇夫郭，工疥」。此器整體結構繁複適稱，鑄造工藝精湛，動物造型姿態優美，生動細膩，堪稱稀世珍寶。

　　雖然春秋戰國時期金銀器的分布區域明顯擴大，已知最早的金銀器皿幾乎均出自楚國統治區域，而中原及其他諸侯國，極少有金銀器皿發現，說明楚人可能最先掌握了金銀冶煉及製造技術。

　　春秋戰國時期，南方地區發現的金銀器雖然數量不多，但卻十分引人注目。最為重要的發現，當屬湖北省隨縣曾侯乙墓發現的一批金器，其中僅金箔即達九百五十件之多，它們大多貼在器物上作裝飾，只因器物腐蝕而散落到墓室各處。這些金箔上還壓印有各種紋飾。

　　曾侯乙墓還發現有五件金製器皿：金盞、勺、杯、盞蓋及帶鉤。帶蓋金盞與金漏勺應是一套，帶蓋金盞共重兩千一百五十六克，為先秦金器之最。其中金盞通高十一公分，口徑十五點一公分，仍然採用範鑄工藝，蓋頂中央有環形紐，蓋邊緣有兩個邊卡，可以與盞扣合，金盞底有Ｓ形鳳足，近盞口有對稱的兩隻環狀耳，蓋頂和盞口外沿均鑄有繁縟的蟠龍紋和雲雷紋。

　　金盞整個造型和紋飾及紋飾布局不僅吸取了青銅鼎的一些特點，而且還又自有創意，環形耳及「Ｓ」形鳳足顯得輕盈且秀氣，盞為半球體，僅在盞口有一圈環帶形紋飾，盞壁較薄，故盞身也顯得並不厚重，但盞蓋造型及繁密的紋飾呈環圈布局，而且盞蓋略大於盞口，給人以強烈的凝重感。

　　盞內置鏤孔金匕一支。匕身圓形，鏤孔作變異龍紋，方柄，素面，長十三公分，重五十六點四〇四克。

　　與金盞同時發現的金盃呈圓桶狀，敞口束腰，平底有蓋，腹上部有兩個對稱環耳，通體素面無紋，杯壁較厚，蓋足圓拱形。杯高十點六五公分，口徑八點一公分，重七百八十九點九克，係錘工藝製作而成，亦為先秦重器。

　　另外還發現金器蓋兩件；不見器身，一大一小，圓拱形，蓋面以麻點紋為地紋，飾數周花紋。大蓋高二點五公分，直徑九點五公分，重三百二十七點六五克。小蓋高二點二公分，直徑七點五公分，重一百五十七點三五克。

　　曾侯乙墓金帶鉤發現於東室主棺內，器形完整。鉤鵝首形，長頸扁喙，素面光潔，均長四點四公分，分別重四十點九克、四十三點二克、四十五點五克和四十六點六克。

　　還有形狀不一的金箔，有圓形、半圓形、圓弧形、方形、長方形、三角形、梯形、圭形、雙溝型等十多種。多數在表面上壓印各種幾何形圖案，構圖簡潔，少數光素無紋飾。厚〇點〇三七至〇點三七八毫米，一般在〇點一至〇點二毫米之間，每平方公分重二十至三十毫克，估計是用於黏貼鉛錫飾物。

　　特別是曾侯乙墓中有四百六十二段金彈簧形器，用金絲繞成，每根金彈簧器的圈數一般為十八至二十五圈，長約兩公分，圈經〇點四至〇點五公分，金絲直徑為〇點一至〇點〇五公分，含金量為百分之八十七點四。

　　這批金屬簧形器稱為「蠶形器」，是採用經拉絲工藝製成的金屬絲繞製而成型，因為金絲的表面有拉伸的痕跡，這些拉伸的痕跡在方向上也與金屬絲的長度方向一致。

　　從湖北省隨縣曾侯乙墓發現的金盞，採用紐、蓋、身、足分鑄，再合範澆鑄成型的製造方法以及各種器物大量使用青銅器常見的裝飾紋樣，可以看出，當時的金銀工藝是在借鑑傳統青銅工藝的基礎上發展起來。

　　戰國時已經產生銀器，如河北省平山縣三汲鄉中山成王墓發現有戰國銀首男俑銅燈，高六十六點四公分，寬五十二點五公分，人俑高二十五點六公分，此燈為一站立的青年男俑執燈之形象。

　　男俑立於獸紋方座上，頭部為銀鑄，髮絲精細，梳髻，罩巾縛帶，濃眉短鬚，寶石鑲睛，扁臉高顴，面帶微笑。

　　該銀首男俑身穿右衽廣袖朱紅雲紋錦袍，腰繫寬帶以帶鉤連接。兩臂張開手握雙螭，右手一螭頭上挺吻托燈柱，柱飾黑彩蟠螭和三角紋，並有夔龍

戲猴，柱頂一燈盤；左手一螭向外捲曲，頭上挺吻托一燈盤，其下有一大型燈盤，於內沿盤環一螭，頭上挺吻頂上螭之中腰。每個燈盤內均有三個燭扦。

此器將實用性與裝飾性系統地結合在一起，人物刻畫細緻入微，構思巧妙，且銀與銅相結合的技法在中國十分罕見，故定為國寶。

此外，湖南省長沙近郊的公元前三百年題銘的銀皿等也較為有名。

【閱讀連結】

戰國時期，由於崇尚武力，所以描述動物的金銀飾物特別多，如金鑲彩石虎鳥紋飾牌、金怪獸紋飾牌、金站立怪獸紋飾片、金鑲松石耳墜、銀狼馱鹿紋牌、金豹噬野豬紋嵌寶石帶扣、金臥虎形飾片、金虎咬牛飾牌、金刺猬形綴飾、銀虎頭形飾、金三鷺紋扣、金獵鷹形綴飾、金羚羊形飾、金鳥紋扣、金四鷹首紋飾、金虎狼咬鬥帶飾、金雙鷹搏蛇紋飾牌、銀虎吞羊項圈、金鷹形飾片、金雙獸紋飾牌、銀鹿、金怪獸紋帶飾、金雙鹿紋牌飾、金雙怪獸紋牌飾、金雙鳥頭形飾、金獅形片飾等。

金銀生輝 秦漢魏晉金銀器

秦朝由於年代短促，遺留的金銀器不多，僅在始皇陵所出銅車上有所發現。其中金質的有金當盧、金泡、金項圈部件、纛座上鑲嵌的金珠等，銀質的有銀、銀鑣、銀轡、銀轄及銀環、銀泡、銀項圈部件等，均係鑄造成型。

錯金銀技藝在春秋中晚期開始興起，到漢代，這種技藝已經成為中國傳統金銀工藝的主流，並且達到了相當高的水平。

三國魏晉時期的金銀器數量較多，金銀器的社會功能進一步擴大，製作技術更加嫻熟，器形、圖案也不斷創新。在這個時期的墓葬中，常可以看到民族間相互影響和融合的跡象。

▌秦朝王者之風的金銀器

■錯金銀銅鼎

　　從春秋戰國時期，秦國的金銀器主要是金製品，銀製品極為罕見。無論是黃金製品的數量還是從造型、工藝水平上看，秦國的金製品在諸侯國中都表現得最突出。

　　在陝西省鳳翔秦都雍城地區的馬家莊宗廟遺址、秦公一號大墓和鳳翔西村秦墓中及始皇陵中，發現黃金製品百餘件，既有花紋繁複、造型獨特的裝飾品，如龍首蟠龍、盤蛇、鴛鴦金帶鉤、金獸面、金方泡、玉環金鋪首等；也有做工精細、精美絕倫的實用器，如錯金虎符、錯金銀銅鼎、鎏金蒜頭壺、金洗、金環首銅刀等。

　　此外，秦國的一些銅鐵器的柄部也飾有金柄，如陝西省寶雞益門村春秋墓發現有三件金柄鐵劍。除秦公一號大墓的一件金箔係鍛打之外，其他所有金器全是鑄造成型，明顯受到當時青銅工藝的影響。

　　根據鳳翔和寶雞等地所發現金器的規範程度和統一的造型風格推斷，上述金器應是秦國官府作坊統一製造，地方官府和在當時的客觀條件下不可能製造金器。

　　秦始皇統一全國後，除黃金製造業外，還出現了銀器製造，但仍以金器製造為主。此時的金製品已由禮器和裝飾品向實用器發展，主要是一些大型車馬的部件和飾件，很少有實用生活器皿。

　　秦朝由於年代短促，遺留的金銀器不多，大多在始皇陵所出銅車上有所發現。陝西臨潼秦始皇陵封土西側二十公尺處的一個陪葬坑裡，發現兩輛大型陪葬銅車馬，一前一後排列，大小約為真人真馬的二分之一。

　　製作年代至晚在陵墓興建時期，即公元前二一〇年之前。銅車馬主體為青銅所鑄，一些零件為金銀飾品，各個部件分別鑄造，秦代工匠成功地運用了鑄造、焊接、鑲嵌、銷接、活鉸連接、子母扣連接、轉軸連接等各種工藝技術，並將其完美地結合為一個整體。

　　如秦陵二號銅車馬的零件中就有金製件七百三十七件，銀製件九百八十三件。

　　一號銅車馬為雙輪、單轅結構，前駕四馬，車輿為橫長方形，寬一百二十六公分，進深七十公分，前面與兩側有車欄，後面留門以備上下。

　　車輿右側置一面盾牌，車輿前掛有一件銅弩和銅鏃。車上立一圓傘，傘下站立一名高九十一公分的銅御官俑。其名叫立車，又叫戎車、高車，乘車時立於車上。該銅車馬共由三千五百多個零件組成，總重約一千〇四十公斤，其中金飾件三千餘克，銀飾件四千餘克，車馬通體飾有精美絕倫的彩繪。

　　該車傘槓上有圓管形錯金銀紋樣兩節，紋樣環傘槓一周，上下兩端各有一條寬〇點三五公分的金銀錯粗環紋，及一條細線作為紋樣的上下界。中間部分也有三組凸起的陽弦紋作為整個圖案紋樣分組的間隔條帶。

　　由上向下數第一、三兩組陽弦紋上的錯金銀紋樣基本相同，中間凸起的部分都是以金銀錯的橫「S」紋作為主題紋樣，形成二方連續的環帶紋。紋樣與紋樣之間也是以三條細金銀錯線相隔。

　　金銀勒是控馭馬的重要器具。一號銅車前所駕的四匹銅馬的頭上各戴一副。四副勒的形制、結構和編綴方法基本相同，大小相似。主要的連接點上綴有金質或銀質的圓泡形節約，額部飾金當盧。

當盧為馬頭上的形的金飾件，勒套裝於馬頭後，當盧則位於馬額中央。長九點六公分，最寬五公分，厚〇點四公分。分上下兩層，上層為金質，下層為銅托。兩層大小、形狀相同，連接一起。

　　正面的周邊有突起的狀似流雲紋的陽線邊飾，中部為兩條左右相對組成的類似蟬紋的淺浮雕單獨紋樣，二者交合為一的兩條蟠虺紋。

　　金當盧背面的銅托上鑄有四個紐鼻，兩兩相對。紐界內貫穿縱橫呈十字形銅條，此銅條與托板、紐鼻鑄連一起，用以連接金銀勒上的鏈條，起節約作用。

　　位於馬口兩側的鏈條上連接著銀表和銅銜，位於喉革部分的鏈條上懸掛著銅絲扭結成的瓔珞。左驂馬和右驂馬的勒除連接著銀鋪、銅銜外，還有銅橛以及連接銜、橛的圓片形銅構件。

　　勒是套在馬匹頭部，用來控制馬匹的核心部件。俗稱馬籠頭，古代又名羈，亦稱絡頭。《淮南子·原道訓》：「絡馬之口，穿牛之鼻者，人也。」古代馬勒多以革帶製作。革帶相交處，常見以底部帶有紐鼻的銅環或銅泡連接，稱為節約。

　　秦陵銅車中的馬勒則是用金銀子母節連接成的條帶構成，條帶的交叉處用底部有紐鼻、表面鑄花紋的金泡和銀泡連接並裝飾。

　　絡有銜者謂勒，銅車馬之銜由兩節兩端有環的銅棒相連而成，中間的小環相互穿接，兩端的大環用於貫鑣。鑣為銀質，呈弧形扁棒狀，每副勒上兩根，與勒繫連為一體，分別位於馬嘴兩側。

　　銅銜橫穿馬口，通過兩端的唧環貫連銀鑣，使鑣形成夾持馬嘴之態勢。《說文·金部》：「銜，馬勒口中也，從金從行。銜者，所以行馬者也。」

　　關於鑣，《釋名·釋車》：「鑣，苞也，在旁包其口也。」因鑣與銜相連，故誤釋鑣為銜；認為鑣在馬口旁是對的，又誤說作用是包斂馬口也。

　　鑣的形狀以彎月形居多，有的呈上尖下粗的牛角形，有的呈拉伸的S形。其質地有角、木、銅、銀、玉、象牙等，銅鑣占多數。

　　鑣在實用功能之外，還以其質地和紋飾的不同表示尊卑，是馬具中表示車主的身分的部件之一，很受人們重視。《後漢書·輿服志》記載，皇帝的乘輿「象鑣鏤錫」，王公、列侯的車「朱鑣朱鹿」。

　　秦陵銅車中的八匹馬皆銀鑣、金銀勒，盡顯高貴之氣。

　　馬勒套絡於馬匹頭部，勒上繫著彎繩，御者手握彎繩控馭馬匹。御者根據需要做出不同的牽拉操作，彎繩另一端的銜、鑣就會對馬的口部施加不同的壓迫，受過訓練的馬匹自然會遵從御者的指揮行動。

　　假如需要馬匹停步或慢行，御者在發出口令後，只需同時牽拉雙側的彎繩，受到雙側彎繩共同作用的銅銜，就會向後勒擠馬口。在銅銜的勒擠下，馬匹便會做出揚頭頓蹄的動作，隨之停止或放慢腳步。

　　假如需要指揮馬匹轉向，御者在發出口令後，只需牽拉朝向一側的那根彎繩，受其作用，馬口中的銅銜便會被拉向該側；此時，銅銜另一側穿插的鑣就開始發揮作用，既阻止銅銜抽脫馬口，又逼迫馬頭向牽拉一側轉動。在彎繩、銅銜的帶動和鑣的迫使下，馬匹必然按照御者的要求轉向。

　　透過馬勒在控制馬匹中所起的作用，特別是銜、鑣的功能和用法，便清楚地展現了銜鑣相連、隨彎而動的場景，還可以生動地詮釋「分道揚鑣」這句成語的原始含義。兩人分別，各自牽動馬彎，勒上之鑣隨之揚起，車騎轉頭絕塵而去。

　　一號銅車的車輿呈橫長方形，前面的左右兩角成弧形鈍角，後面的兩角為直角。橫寬七十四公分，縱長四十八點五公分。輿的四面裝有軨。前有軾，後面為敞口車門。前側車轉上端與軾之間以弧面形的掩板相連，使輿的前部形成半封閉的空間。

　　前軨的上部偏左裝有銀弩輒兩個，承托著銅弩的弓背，弩臂置於軾和掩板上。形狀和大小相同，長十二點三公分，輒的後部呈長方筒形，前部有一含口，含口的上唇短，末端向下微勾呈鳥狀，下唇長而斜向上方彎曲，末端呈鴨首形向前平伸，整個下唇的形狀猶如鴨舉頸昂首。其上側及左右兩個側面鑄有淺浮雕狀的流雲紋。

輒的作用有二：一用以承弓，二用以張弩。

此外，秦俑坑的五個探方內也發現有金節約、金泡等。陝西興平發現的秦代錯金銀雲紋犀尊也是那時的珍品，高三十四點一公分。造型雄奇渾厚，壯健有力。兩眼前視，雙角上豎。犀身整體以錯金銀雲紋為飾，雲紋細如游絲，運線流利生動。表現了秦代工藝匠師的高度技藝。

除陝西省以外，在山東省淄博窩托村西漢齊王劉襄陪葬器物中，還發現了銀器一百三十餘件，其中有一件公元前二一四年製造的鎏金刻花銀盤，製作精細，裝飾講究。

鎏金刻花銀盤高五點五公分，口徑三十七公分，重一千七百〇五克，直口，平折沿，折腹，地微內凹。口沿及內外腹壁鏨刻三組龍鳳紋，每組布局疏密適宜，採用二方連續的環狀圖案，龍鳳紋為 S 形結構，宛如流動的幾何圖形。三組龍鳳紋上下相互疊壓交錯，龍首張口回顧，鳳首捲曲，頸飾鳳羽。

盤內底中心鏨刻三條盤龍紋。龍首張口，額頂有角，軀下有足，龍尾彎曲與另一條龍相銜接。構圖於規整中寓變化，線條古樸、抽象，而又流暢、華美，呈現出自由奔放、活潑秀麗的神祕感。

器身內外裝飾紋樣採用滿地裝，龍飛鳳舞，布滿全身，顯得繁縟華麗。銀盤製作工藝精湛，鏨刻嫻熟精緻，紋飾處全部鎏金，銀色的質地，金色的紋飾，交相輝映。

盤口沿底面和外底刻有銘文四十七字。……外底所刻「御羞」，即「御饈」。御饈歸屬少府，管理帝王膳饈原料，也提供帝王美食，因此，這件銀盤係專供帝王美食之用。

這一件銀盤刻花鎏金，紋飾鏨刻得極為精緻，可以看出秦代藝人嫻熟的技巧。而且，所呈現的花紋規整、細膩，有很強的韻律感，應該說是在當時已有相當水平的工匠和很像樣的作坊了。

劉襄墓中還發現兩件略小的銀盤，飾波折紋、花葉紋和雲龍紋等，紋飾上全部鎏金。

　　根據對這些金銀配件的研究已能證明，秦朝的金銀器製作已綜合使用了鑄造、焊接、掐絲、嵌鑄法、銼磨、抛光、多種機械連接及膠黏等工藝技術，達到很高的水平。

【閱讀連結】

　　秦代金銀器雖然發現得並不多，但從文獻記載分析，秦代的金銀器數量應相當龐大，但因秦陵地宮至今尚未發掘，真實情況還不得而知。

　　秦陵銅車的馬勒上各有一件葉形的金飾件，勒套裝於馬頭後，葉形金飾位於馬額中央。飾件的正面以淺浮雕形式塑出二者交合為一的兩條蟠虺紋；背面有四紐鼻，用以穿連勒帶，同時起著節約的作用。《秦始皇陵銅車馬發掘報告》及諸多介紹文章，均將此飾件定名曰當盧，但實際此物的本名應是鍚或鏤，當盧是其俗稱，名稱出現較晚。

　　使用鏤鍚的車馬，一般級別規格較高，當盧即當顱也，名稱與佩帶的位置有關，是後世的俗稱。以當盧注鏤鍚，正說明當盧名稱較晚，世俗皆知。當盧一般無雕飾，無級別限制，使用比較廣泛。

　　秦陵銅車是皇帝乘輿車隊中的馬車，級別高貴，馬額中間的葉形金飾雕刻花紋，是古代鏤鍚的典型形象，稱其為當盧不夠精確。

富麗堂皇的漢代金銀器

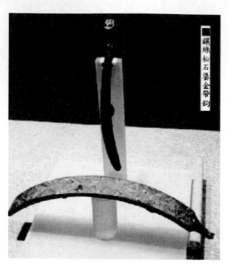

■鑲綠松石鎏金帶鉤

　　漢王朝是充滿蓬勃朝氣的大一統封建帝國，國力十分強盛，漢代墓葬中出土的金銀器，無論是數量，還是品種，抑或是製作工藝，都遠遠超過了先秦時代。

　　漢代金銀器工藝在前代的基礎上，又有進一步的發展，為滿足需要，所製器物極為精緻、豪華。如河北省滿城西漢中山靖王劉勝夫婦墓發現的單鎏銀盒、湖南省長沙五里牌和五一街東漢墓發現的銀碗、銀調羹等。

　　除飲食具外，更多的是各種金銀裝飾品。如在江蘇省邗江甘泉山漢墓發現大批黃金首飾，其中的對金勝由兩個相對的三角形和圓形組成，圓形凸起如球面，用綠松石掐絲鑲嵌圓心，外有小金球組成一圈聯珠紋，製作甚為精美。

　　漢代有的金銀器除鑲嵌綠松石等材料外，還飾以人物、動物等，如河北省定縣漢墓發現的金銀錯狩獵紋銅車飾，呈竹管狀，表面有凸起的輪節。

　　將車飾分為四段，用金銀錯裝飾以狩獵為主題的花紋，並嵌有圓形和菱形的綠松石，其間飾有人物及象、青龍、鹿、熊、馬、兔、狼、猴、羊、牛、豬、狐狸、獐、鷹、鶴、孔雀等動物形象，並穿插以菱形紋、波紋、鋸齒紋。

　　整個車飾構圖飽滿，氣魄宏大，風格瑰麗，反映了作者豐富的想像力和卓越的技巧。

　　金製的動物如江蘇省盱眙縣發現的西漢金獸，高十點二公分，身長十六公分，身寬十七點八公分，重九千克。空腹、厚壁，澆鑄成形。

　　金獸下蓋著一個精美奇特的銅壺，壺內裝滿了金器，其中九塊半金餅重達兩千八百六十四克，十五塊馬蹄金、麟趾金重達四千八百四十五克，十一塊金版「郢爰」重達三千兩百六十克。黃金總重量超過二十公斤。

　　金獸呈蜷伏狀，頭枕伏於前腿上，屈腰團身，首靠前膝，耳貼腦門兩側，頭大、尾長、身短而粗壯，似虎更類豹。附耳瞪目，張口露齒，神態警覺，頸部戴三輪項圈，頭頂有一環紐。

　　通體斑紋是在獸體鑄成後再捶擊上去的，大小相當，呈不規則的圓形，十分精美。底座空凹，內壁刻有小篆「黃六」兩字，為秦漢文字。「黃」指質地為黃金，「六」為序數。

　　錯金銀技藝在春秋中晚期開始興起，到漢代，這種技藝已經成為中國傳統金銀工藝的主流，並且達到了相當高的水平。如中山靖王劉勝王后的陪葬品中發現了一些錯金銀器物，一件「朱雀啣環杯」上複雜多變的花紋都是用金線錯出來。

　　朱雀啣環杯高十一點二公分，寬九點五公分。以啣環朱雀腳踩一四足雙耳獸為主體造型。杯內外飾錯金柿蒂紋，座飾錯金捲雲紋。朱雀啣環矗立於兩高足杯之間的獸背上，通體錯金。朱雀展翅翹尾，雙翅羽毛向上捲揚，呈展翅欲飛狀，輕輕盈盈地凌空取勢，神采飛揚，喙部銜一能自由轉動的白玉環。

不禁讓人聯想到古代《說卦傳》中的「乾，為天為環」之說。正像圓環的無始無終一樣，天道的運行亦是循環往復以致無窮無盡的……這枚玉環更為朱雀啣環杯增添了神祕色彩。

朱雀所踏四足雙耳獸匍匐，四足分踏在兩高足杯底座上。這裡獸的突然介入，不僅調節了朱雀雙腿之間的跨度，也從意象上渲染了神雀凌駕萬物之上的傲然風度。

朱雀啣環杯通體鎏金，其間還點綴有三十顆翠綠色的松石，松石分為圓形和心形兩種，其中頸和腹部嵌四顆，杯外每一個杯分別嵌十三顆共二十六顆。

朱雀，是中國古代神話中一種寓意吉祥的神鳥。因其神態昂然，氣度非凡，極具唯我獨尊的風範，所以，古代王室及貴族之家所用器物上多飾以朱雀形象。

除此之外，墓葬中最炫目的寶物是一盞長信宮燈。作為燈體的宮女顯得金光閃閃，但是它並不是純金製品，而是用鎏金的技藝製作。

西漢之初，劉揭在消滅呂后的勢力中立下了汗馬功勞，因此被封為陽信夷侯。漢景帝時期，劉揭的獨生子因參與「七國之亂」而被廢除了爵位，他的財產被沒收到長信宮，其中就包括一盞做工精巧的青銅燈。

長信宮是漢景帝時皇太后竇氏居住的宮殿，這盞燈被送入長信宮浴府使用，故又增加了「長信宮」字樣的銘文以示宮燈易主。

後來，這盞「長信宮燈」又由竇氏送給她心愛的孫兒劉勝。劉勝之妻竇綰將銅燈視為珍寶，死後就將燈隨她埋入河北省滿城縣中山靖王劉勝夫妻墓中。

此燈的形態為一跪地執燈的梳髻覆幗、著深衣的跣足年輕侍女，手持銅燈。整件宮燈高四十八公分，重十五點八五公斤。由頭部、右臂、身軀、燈罩、燈盤、燈座六個部分分別鑄造組成，頭部和右臂可以組裝拆卸，便於對燈具進行清洗。

宮燈部分的燈盤分上下兩部分，刻有「陽信家」銘文，可以轉動以調整燈光的方向，嵌於燈盤溝槽上的弧形瓦狀銅版可以調整出光口開口的大小來控制燈光的亮度。右手與下垂的衣袖罩於銅燈頂部。

宮女銅像體內中空，其中空的右臂與衣袖兩片弧形板合攏形成銅燈燈罩，可以自由開合。燃燒的氣體灰塵可以通過宮女的右臂沉積於宮女體內，不會大量散到周圍環境中。燈罩上方部分殘留有少量蠟狀殘留物，推測宮燈內燃燒的物質是動物脂肪或蠟燭。

燈盤有一方鋬柄，內尚存朽木，座似豆形。宮燈表面沒有過多的修飾物與複雜的花紋，在同時代的宮廷用具中顯得較為樸素。

燈座底部刻銘文九處，共六十五字，內容包括燈的重量、容量、鑄造時間和所有者等。如：「長信尚浴，容一升少半升，重六斤，百八十九，今內者臥」。

宮燈通體鎏金，光彩熠灼。宮女身穿長衣，衣袖寬大，她面目端莊清秀，凝眸前視，目光十分專注，頭略向前傾斜，神情恭謹、小心翼翼，表現出一個下層年輕宮女所特有的神態。宮女雙手持燈，左手持燈盤，右臂上舉，宛如舉燈相照的神態。

長信宮燈採取分別鑄造，然後合成一整體的方法，此燈設計之精巧，製作工藝水平之高，在漢代宮燈中首屈一指。

長信宮燈形象秀美，設計精妙，將燈的實用功能、淨化空氣的原理和優美的造型系統地結合在一起，整個造型自然優美、舒展自如、輕巧華麗，一改以往青銅器皿的神祕厚重，是一件既實用、又美觀的燈具珍品，體現了古代匠師的創造才能以及當時的科學技術水平。

劉勝墓同時發現的一件錯金青銅雲紋博山爐高二十六公分，腹徑十五點五公分，圈足徑九點七公分。爐身呈半圓形，爐盤上部和爐蓋鑄出高低起伏的山巒。

博山爐漢代開始出現，多為銅鑄，後代多有仿作。香爐的肇始起因於焚香習俗。西漢初期，漢武帝之前，已經有了許多專用於焚香的香爐。古人多

採用焚燒香料的辦法驅逐蚊蠅或去除生活環境中的濁氣。特別是在南越，薰香的風氣更盛。但那時所用香爐造型大都非常簡單。

漢代神仙方術流行，人們多嚮往長生不老的仙境。漢武帝嗜好薰香，也信奉道教。道家傳說東方海上有仙山名為「博山」。

武帝即遣人專門模擬傳說中博山的景象製作了一類造型特殊的香爐，即博山爐，博山爐蓋作尖錐狀山形，彷彿傳說中的海上仙山。

劉勝墓發現的這件錯金青銅雲紋博山爐，爐蓋呈尖錐狀博山，因山勢鏤孔，雕塑出生動的山間景色。通體用金絲和金片錯出流暢、精緻、舒展的雲氣紋，金絲有粗有細，細的猶如人的頭髮絲一般。座把呈透雕三龍出水狀，龍首頂托爐盤，象徵著龍為溝通天、地、人三界的神獸。

爐盤裝飾以錯金流雲紋。盤上部鑄出峻峭起伏的山巒，奇峰聳出，山林間飾錯金線神獸出沒、虎豹奔走，輕捷的小猴蹲踞在高層峰巒或騎在獸身上嬉戲玩耍，獵人們出現在山間，有的肩負弓弩，有的正在追捕逃竄的野豬，氣氛緊張，畫面生動。兩三棵小樹點綴其間，刻畫出了一幅秀麗山景和生動的狩獵場面。

當薰香點燃時，香煙通過峰谷間鑄有的空隙繚繞於山間，產生山景迷濛，群獸靈動的奇異效果。爐器座較低，座把由透雕的三條蛟龍躍出波濤翻滾的海面盤成圈足，以龍頭擎托爐盤上隨風飄蕩的流雲。

被「錯金錯銀」工藝裝飾過的器物表面，金銀與青銅呈現出不同的光澤，彼此之間相映相托，將圖案與銘文襯托得特別華美典雅，色彩對比、紋飾線條更加鮮明，藝術形象更為生動。該作品色彩黑、黃呼應，工藝精湛，裝飾華美，是一件古代青銅珍寶。

漢時博山爐有竹節形長柄薰爐和短柄龍座薰爐等形制，而以短柄博山爐最為常見，其器身較短，較適合於當時席地而坐時置於席邊床前或幃帳之中。而另一類長柄爐多適用於宴會等公共場合。

武帝之後，博山爐依然十分流行。據載，漢宣帝時的博山爐上還刻有劉向作的銘文：

「嘉此王氣，嶄岩若山；上貫太華，承以銅盤；中有蘭綺，朱火青煙。」

據《西京雜記》記載，漢成帝時，長安的著名工匠丁緩，就曾製作了極為精巧的九層博山爐，鏤以奇禽異獸，「窮諸靈異，皆自然運動」。

丁緩還做出了更為著名的放在被縟裡用的「被中香爐」，其原理與現代航空陀螺上的萬向支架完全相同。

博山爐盛行於兩漢與魏晉時期。後來，這種爐蓋高聳如山的博山爐逐漸演變成香爐的一個固定類型。後世歷代都有仿製，並各有變化，留下了各式各樣的博山爐。

雖然在博山爐之前已經有了薰爐，但都不像博山爐那樣特點明確，使用廣泛，影響久遠，所以人們也常將博山爐推為香爐的鼻祖，並常把「博山」、「博山爐」用作香爐的代稱。

進入東漢以後，鮮卑、烏桓、柔然、敕勒等民族在草原上逐漸強盛，尤以鮮卑的金銀器最具特徵，從時代上分為三個階段。

東漢時期以裝飾品為大宗，以狼、野豬、鹿、駝、馬、羊、神獸等動物造型為主。其表現形式，有以寫實為基調的單體動物，也有將動物重疊、排列，圖案規範整齊的同種動物的重複組合。

總體上說，金銀器中最為常見的仍是飾品，金銀器皿不多，金質容器更少見，可能因為這個時期鎏金的做法盛行，遂以鎏金器充代之故。

漢代由於社會長期相對穩定，統治階級擁有大量黃金，甚至鑄造金餅、馬蹄金投入流通領域。

中國自商周以來加工黃金所用的製箔、拔絲、鑄造等技法，這時仍繼續沿用。金箔除裁成條狀用於纏裹刃器的環首等處外，還剪成花樣以貼飾漆器。

如湖南省長沙與廣西合浦的西漢墓中，都發現過金平脫漆器，或從這類漆器上脫下的人物、禽獸形金箔片。金絲多用於編綴玉衣，在各地出玉衣的大墓中曾大量發現。

　　至於鑄造的金帶鉤、金印等物，在漢代更不乏其例。比如內蒙古自治區準噶爾旗西溝畔的匈奴墓西漢包金花草紋帶飾，長九公分。包金臥羊帶飾，長十一點七公分。

　　就製作技術而論，漢代黃金細工最重要的成就是發明了金粒焊綴工藝，即將細如粟米的金粒和金絲焊在金器表面構成紋飾。

　　河北省定縣八角廊的西漢墓發現的鑲有琉璃面的馬蹄金和麟趾金狀金飾，在器壁上部焊有用小金粒組成的連珠紋帶。

　　河北省定縣北陵頭村東漢墓所發現的金龍頭，不僅其金粒和金絲的組織更加精巧，連龍角上都纏以纖細的金絲，其上還鑲嵌有綠松石和紅寶石。

　　樂浪古墓與新疆博格達沁古城址所發現的金質龍紋帶扣，式樣相仿，上面均有一條大龍和六條小龍出沒於繚繞的雲氣之中。其構圖之生動，工藝之精細，已臻漢代金銀器之極致。

　　江蘇省邗江甘泉鎮漢墓的王冠形金飾直徑一點五公分，重兩克，金飾上之重環紋是用細如莧籽的小金粒焊成的。

　　同時發現的一件龍形飾物，殘長四點六公分，重兩克，在豆粒大小的龍頭上竟能以細小的金粒、金絲構成眼、鼻、牙、角、鬚等器官，特徵畢具，歷歷可辨。

　　這一漢墓中有盾形金飾、品形金飾各一件，盾形飾高一點五公分，寬一公分，厚〇點五公分，重二點三克，品形金飾高二點一公分，寬一點五公分，厚〇點六公分，重四點七克。

　　此外，在邗江甘泉東漢墓中還發現有空心金珠，是用兩件較大的和十二件較小的金圈拼焊成二十四面空心球體，再在各金圈相連接處，以四枚小金粒堆焊出二十四個尖角。

　　該墓還發現有「廣陵王璽」金印，高二點一公分，邊長二點三公分，重一百二十三克。

西漢時國力空前強盛，四方番國齊來朝見，因此朝廷也以貴重的金印來賜給地方番王，除上述「廣陵王」金印外，最著名的是古南越王金印和滇王金印。

西漢南越王墓位於中國廣東省廣州象崗山上，是西漢初年南越王國第二代王趙眜的陵墓。

在秦末楚漢相爭之際，時任南海郡尉的趙佗吞併桂林、象郡，於公元前二〇三年建立南越國，定都番禺。南越國疆域基本就是秦朝嶺南三郡的範圍，東抵福建西部，北至南嶺，西達廣西西部，南瀕南海。

從趙佗最初稱王以後，南越國共傳五代王，歷時九十三年。開國之君趙佗僭稱南越武帝，第二代王趙眜為趙佗次孫，公元前一三七年至公元前一二二年在位，在《史記》中被稱為趙胡，僭稱文帝，第三代王趙嬰齊為趙眜之子，死後稱明王，皆築有陵墓。

趙眜的南越王墓劈山為陵，墓室仿照生前宅居築成，後部主室居中，為墓主棺庫主室，墓主身穿絲縷玉衣，隨身印章九枚，最大一枚為「文帝行璽」龍紐金印，此外，還有螭虎紐「帝印」，龜紐「泰子」金印以及墓主「趙眜」玉印等。

南越王墓中金印是中國首次發現的漢代帝王金印，被稱為「鎮墓之寶」的是那枚「文帝行璽」金印，在傳世或發現的秦漢印章中，未見一枚皇帝印璽，只有文獻記載。

據文獻所載，帝印都是白玉質印、螭虎紐印，印文是「皇帝行璽」或「天子行璽」；而南越國趙眜這枚帝印卻是金質印、蟠龍紐印，印文是「文帝行璽」。這是金印的獨特之處，是南越國自鑄、生前實用之印。

這枚「文帝行璽」金印是正方形，印台長三點一公分、寬三公分、高〇點六公分、通紐高〇點六公分，重一百四十八點五克，含金量非常高。印面呈田字格狀，陰刻「文帝行璽」四個小篆體的字，書體工整，刀法剛健有力。

蟠龍紐是一條龍蜷曲的樣子，龍的首尾和兩足分置在四個角上，似騰飛疾走，印面槽溝和印台四周壁面都有碰撞和劃傷的痕跡，而且還遺留著一些

暗紅色的印泥。印台背上的龍，有些部位磨得十分光滑，說明這枚金印是墓主人生前日常行使王權的大印。

南越王墓「太子」金印和「右夫人璽」金印都不是龍紐，而是龜紐。「太子」金印也是首次發現，在傳世印璽中未曾見過。其中「右夫人璽」金印高一點六公分，邊長二點二公分；「太子」金印通高一點五公分，長二點六公分，寬二點四公分。

按秦漢禮制規定，只有皇帝、皇后的才能稱「璽」，其他臣屬的印是不能稱「璽」的。皇帝用璽並非只有一種，而有多種。例如用於賜諸侯王的「皇帝之璽」、用於封國的「皇帝行璽」、用於發兵的「皇帝信璽」、用於冊封外國的「天子之璽」等。

「皇帝璽」被視為「傳國璽」，歷代統治者視為保國鎮疆之寶，正所謂「得寶者得天下，失寶者失天下」。而趙眜的「文帝行璽」是個人專用，不往下傳，因此死後用於陪葬。

歷史上發現的印不少，但大多是銅質、玉質或水晶質的，很少發現有金印，只有十二枚，十二枚金印中屬東漢的有八枚，屬西漢的四枚，僅南越國便占了三枚。

南越王墓的金器除金印外，還有金帶鉤、金花泡和杏形金葉，均是飾物。而金花泡普遍被認為是海外輸入的「洋貨」。

南越王墓中有一件白色的銀盒特別引人注目，那閃閃發光的花瓣顯得尤為突出。這個呈扁球形銀盒，高十二公分，腹徑十四點九公分，重五百七十二點六克。在主棺室，盒內有十盒藥丸。

從造型、紋飾和口沿的鎏金圈套等工藝特點看，銀盒與中國傳統的器具風格迥異，但與古波斯帝國時期遺物相似。經化學分析、鑑定，認為是波斯產品，銀盒裡的藥丸很可能是阿拉伯藥。因此，銀盒並非南越國製造，而是海外舶來品，具有重要的歷史價值。

南越王墓的銀器除了銀盒外，還有銀洗、銀卮和銀帶鉤，都是越王室的專用器具。七件銀帶鉤工藝十分精美，有五種式樣、鉤首有雁頭形、烏龜頭形、龍頭形和蛇頭形等。

特別是主棺室中的那件銀帶鉤，長十八點四公分，呈弓狀，鑲嵌寶石並飾以凸浮雕。龍頭形的鉤首飾以捲雲紋和騰躍的飛虎。

複雜的紋飾，發光的寶石，通體鎏金，顯得高貴華麗，是很好的工藝精品，反映了主人高超的製作工藝和審美觀，從中也可看出當時人們的生活風尚。帶鉤的用途，主要用於扣接束腰的皮帶，還可以用於佩劍和鉤掛刀劍、錢袋、印章、鏡囊及各種飾品。

西漢南越王中，還發現了中國唯一的錯金銘文銅虎節，堪稱孤品。

它高十一點六公分，長十九公分，厚一點二公分，造型生動有趣，銅虎為一扁平板虎，昂首挺胸，呈蹲踞之勢；它露齒張口，弓腰瞪眼，威風凜凜，十分氣派；其尾巴捲曲成「8」字形狀，前後足下有淺槽，頭和足的轉折處及臉部的皺紋均以短線勾勒出來，十分清晰；銅虎全身黑色，但身上的斑紋顏色豔麗，是用貼著金箔片的彎葉形淺凹槽表示的，極富立體感。

「節」，在中國古代是一種信物，是使者持有的一種憑證。這件錯金銘文銅虎節的正面有錯金銘文「王命命車徒」五個字，說明這是一件調動車兵的信符，它應該是南越文王趙眛生前調兵遣將的令符。

發現於雲南三晉寧石寨山古滇王族墓葬群的滇王金印，是公元前一〇九年漢武帝賜予滇國國王的一枚金印，是古滇王國存在的證據。

距今兩千多年前的公元前五世紀中葉至公元一世紀初，滇池沿岸曾經有過一個被稱為「滇」的古代王國。據說是戰國後期秦楚交戰時，楚國將領莊蹻率軍誤入了滇地，被秦軍斷絕了歸路而留在當地建立滇國。長期以來，由於缺少文獻記載，滇國的情況十分模糊。

《史記》記載，公元前一〇九年，漢武帝為打通由四川經昆明通往西域的蜀身毒道，兵臨滇國，滇國國王舉國投降，歸順中央王朝，於是漢武帝賜予他滇王之印，復長其民，同時在此設置益州郡，納入版圖。這枚發現於墓

漆棺底部的滇王金印通體完好如新，印作蟠蛇紐，栩栩如生地雕刻了一隻身體蜷在一起的蛇，蛇背有鱗紋，蛇首抬起伸向右上方。

印面每邊長二點四公分，印身厚〇點七公分，通紐高一點八公分，重八十九點五克。紐和印身是分別鑄成後焊接起來的。其上文字乃鏨成，筆畫兩邊的鏨痕猶可辨識，篆書，白文四字，曰「滇王之印」。

中國雲南自古便被稱為「動物王國」。在潮濕多雨的森林裡，就常有毒蛇出現。而且，蛇的前進速度很快，不好射殺，非常令當地人恐懼。慢慢地，滇人對蛇的恐懼又轉化為一種崇拜，蛇的形象也成了象徵平安的圖騰，常常被裝飾在青銅器當中。

滇王之印的存在，把一個虛無縹緲的滇王國真實地呈現在人們眼前。

到了漢代，銀器的使用範圍已較廣，製作工藝有錘、鏨刻、鑲嵌、焊接、模壓、浮雕、包金、掐絲等多種技法。容器如銀、銀盒、銀盤、銀碗等均曾發現。小件服御器如銀帶鉤、銀指環、銀釧、銀鋪首、銀車馬具等，數量更多。

其中造型最新穎的是上面所說齊王墓陪葬坑中發現的一件帶蓋的銀豆，蓋與腹均飾以花瓣形凸泡，同型之器在雲南晉寧滇國墓，與廣州象崗南越王墓中也發現過。

這種以凸泡組成的花紋在中國非常罕見，然而在古波斯阿契美尼德王朝的金銀器上卻是常用的裝飾手法，故上述數器或曾受到西方的影響。

齊王墓陪葬坑中還發現了兩件西漢銀盤，器腹均飾以鎏金花紋。而金花銀盤即所謂「鍍銀盤」在唐代曾成為金銀器中最主要的品種。齊王墓陪葬坑之例說明，這種技法在漢代已出現。

西漢時期，北方匈奴民族吸收漢文化的因素，出現了銀匙、銀箸等飲食器，用途擴大。造型和裝飾藝術在繼承戰國遺風的基礎上又有創新，出現了動物與自然環境的圖案。

匈奴民族的金銀器，造型獨特、工藝精美，掀起了北方草原地區金銀器發展的第一次高峰。

中原和南方地區的金銀器，大體看來，與北方匈奴少數民族地區金銀器的形制風格截然不同，多為器皿、帶鉤等，或是與銅、鐵、漆、玉等相結合的製品，其製作技法仍大多來自青銅工藝。

此外，包金青銅器和以金、銀鑲錯的技藝也十分興盛行，並有很多傑出的創造。

【閱讀連結】

「錯金錯銀」工藝到了戰國時期已經發展得十分成熟，不僅容器、帶鉤、兵器等使用「錯金錯銀」，在車器、符節、銅鏡和漆器的銅口、銅耳等處，也大量使用精細的「錯金錯銀」紋飾。

因為這種工藝製作複雜，材質昂貴，所以當時也只有貴族才能使用。而東漢以後，盛極一時的「錯金錯銀」工藝逐漸被當時的戰亂淹沒了。

傳統金銀技藝始終沒有脫離青銅工藝的傳統技術，直到漢代以後，中國金銀器才開始走向它獨立發展的道路。

▋異域風情的魏晉金銀器

■魏晉時期鎏金獅子

三國魏晉南北朝時期，朝代更替頻繁，然而另一方面，各民族在長期共存的生活中，逐漸相互融合，對外交流進一步擴大，加之佛教及其藝術的傳

播，使這個時期的文化藝術空前發展。這些在金銀器的形制紋樣發展中，都曾打上了明顯的烙印。

三國魏晉時，文化藝術空前發展，金銀器物、金銀裝飾流行成為風氣。當時，中原戰亂頻繁，南方社會經濟卻有較大發展，因此南方金銀飾物較多。湖北省鄂城西山鐵礦工地吳墓，曾發現了金銀鐲、金銀釵、金珠、金瓣、金鴛鴦、金銀戒指、銀項鏈、銀唾盂等四十七件。

在廣東省廣州市孖崗晉墓，也發現了金小狗、金銀鐲、金銀戒指、銀釵、銀耳挖、銀頂針等二十三件。

江西省南昌於公元二六三年的東吳墓發現有「花形金飾」，上面雕有「大吉」文字。

江蘇省南京江寧區湯山街道上峰社區的周良村，發現了一座前後一線排列的三室西晉朝墓葬，墓中的一具木棺中，藏著數量驚人的隨葬明器文物，其中還包括十多件極為罕見的金器。有金簪、金冠飾、步搖金飾等，金飾精緻細密，亮麗如新，雖經過一千七百多年，依然能夠放射出金色光芒。

其中一套四枚金質冠飾保持得極為完好，尤其是一枚「蟬形金璫冠飾」，據史料記載，能夠使用金璫冠飾的人地位不低，至少是侍中以上的官員或者宮中的高級別女官。

江蘇省鎮江高淳及江西新幹縣酒廠西晉墓，也都發現了銀鐲、銀環、銀髮簪等首飾。

北方的金銀器，屬於曹魏時期的僅在安陽大司空一座磚室墓中，發現了銀鐲、銀絲指環。在北京市順義大營村西晉墓中，發現有金銀手鐲、金銀戒指、銀臂釧、銀指環、銀髮釵等十四件，這是北方西晉墓發現金銀飾物最多的墓葬。

西晉王朝國力不足，對眾多游牧民族採用分封的懷柔政策。在內蒙古自治區烏蘭察布市涼城縣小壩子灘沙虎子溝的窖藏金銀器中，先後發現「晉鮮卑歸義侯」和「晉鮮卑率善中郎將」等金印，印中的「歸義」、「率善」等字樣都反映了這一史實。

　　晉鮮卑歸義侯金印，由純金製成，高二點八公分，邊長二點二公分，重八十八點四克，方形，印上方為蹲踞式駱駝紐，這枚金印是西晉王朝賜給鮮卑族首領的印信。

　　同時發現的晉烏丸歸義侯金印，長二點二五公分，寬二點三公分，是西晉王朝賜給烏桓族首領的印信；晉鮮卑率善中郎將銀印，長二點十五公分，寬二點一五公分，這兩方印也均為駝紐。

　　墓內還發現多件具有拓跋鮮卑特點的金牌飾，內中有長九點五公分的獸形金牌飾，高四點一公分的鑲嵌雜寶石獸形金飾件，長九公分的獸形金飾件，高三公分的獸形飾金戒指，還有金耳墜。

　　在一件長十公分的四獸形金飾牌的背面，鑿刻有「猗笆金」三字，猗即拓跋鮮卑三部之一猗部，可見這是該部首領的遺物。

　　捶撲的金牌飾，顯示了拓跋鮮卑與匈奴文化的聯繫。以狼、狐和馬紋為主要題材的牌飾，反映了鮮卑的民族特色。

　　東晉時期的金銀器有江蘇省南京象山王丹虎墓所發現的金釵、金簪、金環二十五件，王廙墓中發現了金剛石戒指、金鈴、金環、金銀釵、金銀簪等飾物。

　　發現最多的是南京郭家山一座東晉早期墓，除金釵、虎形金飾外，共有一百二十九件金飾件，其中有束腰、葫蘆、圓片、雞心等形狀金片及飾件，還有金花、金珠、銀鋪首、銀柿蒂、銀獸蹄、小銀環等。

　　南京曹後村東晉墓也曾發現金花、雞心形金片、銀鋪首、銀櫛背、銀環、銀鐲、銀釵。宜興的周魴、周處、周玘等六座墓及丹陽被認為是齊景帝蕭道生的陵墓，都發現不少金銀飾物和金質小動物。這些金花飾物在已發現的東晉金銀器中最具特色。

　　北魏時期的金銀器，以內蒙古自治區呼和浩特市美岱村的發現較重要，美岱村寶貝梁北魏墓中發現了獸形飾金戒指，戒面有小動物，用細小金粒鑲出花紋，並嵌綠松石。同時還有菱形金片，各式金花、金釵。

內蒙古自治區科爾沁左翼中旗希伯花的鮮卑墓中，發現的北魏金瑞獸，長九公分，高七點七公分，形似一奔走的瑞獸。造型奇特，具有濃郁的鮮卑民族特色。

河北省定州城東北角佛寺塔址下，公元四八一年的石函中，也發現了金銀器多件。寧夏回族自治區固原雷祖廟北魏夫婦墓，發現了金耳環一對、銀耳杯一件，耳杯形似羽觴，圈足有聯珠，可看出北魏金銀器製作中的外來影響。

河北贊皇南邢郭村東魏司空李希宗夫婦墓，發現有金戒指一枚，鑲嵌藍灰色輕精石，中心以聯珠圍繞一鹿紋。還有銀杯一件，敞口、淺腹、圈足。杯壁裝飾面劃有 S 瓣，口沿飾聯珠一周。杯底焊有六瓣蓮花裝飾圓片，有很高的工藝水平。

河北省吳橋縣東魏墓發現有金簪、銀釵、金箍形器。山西省太原北齊婁叡墓發現金飾一件，鏤空，嵌有珍珠、瑪瑙、藍寶石、綠松石、玻璃等，組成華美的圖案，頗為罕見。

此外，寧夏回族自治區固原北周李賢夫婦墓共發現了十件金銀器，其中鑲嵌青灰色輕精石的環狀金戒指，與李希宗之金戒指頗相似。另外還有銀提梁壺、銀熨斗、銀剪刀、銀鑷子、銀鉢、銀勺、銀筷子等。這是北朝金銀器皿發現最多的一座墓葬。

內中最值得注意的是一件鎏金刻花銀壺，長頸，鴨嘴狀流，上腹細長，下腹圓鼓，單把，高圈足，把頂鑄一深目高鼻胡人，壺頸、足等處有三周聯珠紋飾。

壺身有人物圖像，六人三組，第一組為戰士出征前夜閨房情戀的場面，第二組為次晨告別場面，第三組為女子向戰士祝福的場面，紋飾、圖像有著濃郁的羅馬風格。

從西方輸入的類似金銀器，最早發現於山西省大同北魏窖藏中，其中海獸紋曲沿銀洗、鎏金刻花銀碗的造型和植物花紋、人物裝飾等，都有西亞特色，為中西交通史增添了新資料。

同時，隨著佛教及其藝術的傳播，兩晉南北朝時期金銀器的製作和功能亦頗受影響。江蘇省鎮江東晉墓發現一件金佛像牌，呈長方形，正面線刻有裸體全身佛像，頭頂靈光，面帶稚氣，應為釋迦出世童像。這種用於佛教奉獻的金銀製品在唐宋以後極為常見。

還有北魏青銅鍍金釋迦牟尼佛坐像，高四十點三公分，重三千九百五十四克。釋迦牟尼佛結跏趺坐於雙層台座之上，右手作無畏印，左手握衣角，身著袒右肩式僧祇支，外披大衣，雙肩衣紋如火焰般外揚，面部神情莊嚴，氣勢雄偉。

背光內圈的四佛和頭光中的三佛共同形成七佛，背光外圈 U 形火焰紋熊熊圍繞，和主尊氣勢相映，增益雄渾氣勢，體積雖小，和北魏帝室營造的雲岡第二十窟主尊風格相近，是北魏太和時期金銅造像的新樣式。

尊像和台座合鑄而成，背光另鑄。青銅胎質緻密，鍍金厚且與胎連接緊密，金色黃帶赤，做工精良。雙層台座，上層為須彌座，仰覆蓮瓣，台側飾以唐草文，座前兩立雕獅子，回首轉身，姿態威武。下層方形座，開波浪狀門，兩側均雕供養人，上排唐草文連環成排，台座雕刻精緻。

背光後面布局錯落有序，雕刻精巧，共分三層。上層中央一塔，釋迦和多寶佛並坐其間，塔外左右兩側文殊持如意與手握塵尾的維摩詰相對而談，表現《維摩詰經·文殊問疾品》的場面。

中層中央為釋迦牟尼佛在鹿野苑初轉法輪，兩側各兩比丘跪坐、菩薩脅侍。下層中央誕生佛一手指天一手指地，左側摩耶夫人攀樹而立，太子自右脅誕生，右側龍王浴佛，帝釋天和梵天跪坐兩旁。

下層最外側兩長方形榜題，字跡已不清。背光不僅內容豐富，且構圖安排秩序井然，場景緊湊，無疑是五世紀的精品。

該尊造像保存完整，台座背光均存，雕刻精湛，紀年清晰，內容深刻，兼具藝術性、歷史性與宗教性，是世界上現存重要的金銅佛教造像。

鮮卑族起源於東北，是中國古代歷史上第一個在中原建立王朝的北方少數民族，是唯一經歷了從森林走向草原，進而入主中原的北方民族。在漫長的遷徙過程中，歷經艱難，可謂「山高谷深，九難八阻」。

兩晉十六國時期，北方鮮卑拓跋部的金銀器造型仍以動物為主，分單體、群體和動物咬鬥三種類型，多為虎、熊等一類兇猛的食肉動物。單體動物採用鑄造、圓雕、鑲嵌工藝，表現獸的全身和獸面。群體以同種動物兩兩相對或相背排列，構成整體圖案。動物咬鬥表現兇猛動物對溫馴動物的撕咬場面。

動物紋的寫實性藝術較強，有的造型融寫實與抽象為一體，多採用模鑄，結合平面浮雕、透雕、圓雕的工藝，間有圓雕與鑲嵌結合的手法，增加了動物造型的立體效果和直觀藝術。

而慕容部金銀器的紋飾則為花樹、雲朵、龍鳳、鹿、羊、佛像、粟粒等，從總體上看，具有草原特徵的動物紋不再占有主要地位，退居次位的動物紋採取圖案化處理，外來文化紋飾種類的比例增多。

北魏時期，鮮卑金銀器以素面較多，動物造型多為羊、馬首、牛首、龍，出現了具有波斯風格的裝飾藝術。

採用模鑄、焊接、金珠細工、鑲嵌、鏨刻、沖鑿等工藝，尤其是金珠細工和鑲嵌的結合，成為這一時期金銀器工藝的一個顯著特徵，此為北方草原地區金銀器發展的深化期。

從發現的器物情況看，這個時期的金銀器數量較多，金銀器的社會功能進一步擴大，製作技術更加嫻熟，器型、圖案也不斷創新，較為常見的金銀器仍為飾品。

在中國古代，鮮卑或匈奴都是馬上的剽悍民族，他們身披斗篷，手握韁繩，看遠處一片排山倒海之勢，就是奔跑的馬群揚起了一片沸騰的黃沙。

他們也有悠閒的時刻，一對熱戀中的情侶，騎著馬兒，徜徉在藍天、白雲、青草和羊群之中，馬鬃隨風飄起，馬的軀體伴著馬頭琴的悠揚曲調而輕輕顫動，就如受到音樂感染的聽眾一樣興奮不已。

　　游牧民族離不開馬，游牧民族的工藝品中也離不了馬和其他草原動物的題材。如發現於內蒙古自治區科爾沁左翼中旗希伯花鮮卑人墓的一件金奔馬，就是一匹以簡約手法創作出來的深具異域風情的金器。此金奔馬高五公分，長八公分，鏈長十三點五公分。其用途很顯然是項飾，因為馬頸部和臀部各鑄一環以穿鏈。

　　與金奔馬同一墓中還發現了一件頗具鮮卑裝飾特色、造型極為新奇的金瑞獸，可惜原鑲嵌物已經失落。

　　步搖冠起源於西方，約公元前後正式形成。然後向東傳播，橫越歐亞大陸，經中國傳入日本，流行時間長達六百餘年。在中國興起於漢代，晉以後盛行。

　　比如內蒙古烏蘭察布盟達茂旗西河子村窖藏中，發現的兩件北朝金步搖冠，冠分兩種形狀：

　　第一件頭部輪廓似牛首，高十九點五公分，寬十四點五公分，重九十二克。頭部邊緣飾魚子紋，內作連弧紋裝飾。在牛首之面部及雙耳鑲嵌紅、白石料，耳作桂葉形，角似盤曲多枝的連理扶桑樹，又像變形的鹿角，每個枝梢上環穿桃形金葉一片，共十四片。

　　第二件則具有馬頭特徵，高十八點五公分，寬十二公分，重七十克。頭額部原鑲嵌料石，現已脫落，眉梢上端另加一對圓圈紋，所有花紋和臉框周圍飾魚子紋。面部嵌白、淡藍色料石。

　　豎耳，耳朵作尖桃形，內嵌白色料石。角作三枝並列向上，分叉處嵌桃形白、綠色料石。枝梢環穿桃形葉片。

　　這兩件金步搖冠工藝精湛，外觀華麗，是鮮卑族貴婦所特有的頭上裝飾，當步行時頭部搖動，葉片隨之顫動，所以謂之「步搖」。這一時期的步搖金飾非常多見，如遼寧省北票縣北燕馮素弗墓中也有重要發現。

　　馮素弗為十六國時期北燕天文馮跋之弟，是北燕的締造者之一，死於公元四一五年。馮素弗墓中有各類遺物五百多件，除鴨形玻璃注外，「范陽公

章」龜紐金印、「大司馬章」鎏金銅印、帶有錘揲佛像的金冠飾及兩隻鎏金木馬鐙都是罕見的珍品。

其中龜紐金質「范陽公章」與鎏金銅質「大司馬章」，說明北燕的官制和印製皆用漢制。龜紐金印、金冠飾、人物紋山形金飾、鏤空山形金飾片等，這些金銀器既有漢族傳統文化的特色，又有北方游牧民族的風格特點。

馮素弗墓步搖金冠的形制下為十字形的梁架，上為穿綴活動金葉的頂花，其冠前飾片有的錘揲佛像，說明早期佛教的東傳和在北燕的發展。

而馮素弗墓中的兩隻馬鐙以桑木為心揉作圓三角形，上出長繫，外包釘鎏金銅片，是早期馬鐙中有確切年代的一副，是研究馬具的發展和斷代的重要資料。

當時屬於東胡的鮮卑族慕容部崛起於遼西，建立後燕，而漢人馮跋在其基礎上又建立了北燕。幾進幾出中原的史實，使這幾個墓中的物品既有表明漢制貴族身分的特徵，又有鮮卑族游牧生活的反映，這件金飾本身就集中表現了以上兩種文化互相影響、互相融合的風格。

另外，在遼寧省北票房身村石棺墓內，除了發現金質的指環、鐲、釵、鈴、珠和一些透雕或月牙狀的金飾外，還有兩件金花冠飾。

其中大冠通體都用黃金做成，高二十八公分，從根基部突起一脊，兩邊鏤空為雲紋，周邊還布滿著針孔。上面是短而粗的樹幹，分成三個主柱，又分出十六個分枝。枝是用金絲做成的，邊前伸邊間斷地纏繞成若干個圓環。

這些圓環中，有的穿上一枚金葉，有的就空著，散散落落、疏密相間，徒添了幾分自然的韻味。而且，風吹枝顫，金葉抖動，定會一陣琤琮作響。加上人行頭擺，更增加一種透過韻律所表現出來的動感。

同一縣內接連發現多件相當同一時期的隨葬物，而且這一件與馮素弗墓中金冠非常相似，從這裡看到了公元三世紀時鮮卑族與漢族的空前大融合。這時的銀製品仍然非常少見，在遼寧省義縣保安寺村石槨墓內，發現一件圓銀箍上伸出兩支向上反捲銀鉤的銀頭飾。

另外，在一長方形金牌飾上，捶撲出三隻回首站立的鹿紋，形象與內蒙古自治區烏蘭察布盟二蘭虎溝發現的相似，反映了鮮卑慕容與拓跋兩族之間的聯繫。

【閱讀連結】

魏晉南北朝時期金銀器的特點是，金銀器以飾物為主，容器少見；從中亞、西亞輸入的金銀器及裝飾物數量頗豐；西方的形制或製作工藝在這一時期的飾物與容器上都有反映，對隋唐時期金銀器的風格也有較強的影響。

但是，這個時期的金銀器皿仍不多見，且所見大都帶有外來色彩，如山西省大同小站村封和突墓中發現的鎏金銀盤、銀高足杯和銀耳杯等，除耳杯外，鎏金銀盤和銀高足杯均為波斯薩珊朝的製品。

金碧輝煌 隋唐五代金銀器

隋統一全國後大量使用金銀作為飾物，因此促進了隋唐金銀器手工業的發展。

唐代在金銀器製作工藝方面，既善於總結和繼承前人的成就，又思路開闊，吸收消化外來文化中的豐富營養，創造出五彩斑斕、璀璨奪目的嶄新文化。造型精美、結構巧妙、裝飾典麗的金銀器比比皆是。

五代十國時期，中國經歷了分裂割據的半個多世紀，但是江南保持了相對的穩定，手工業得以繼續發展。特別是吳越、後蜀等小國在金銀製造方面取得了相當大的成就，江蘇、浙江等地成為主要生產地。五代時期的金銀工藝基本繼承了唐代晚期的風格而又有所發展。

▋五彩斑斕的隋唐金銀器

■唐鎏金雙獅紋銀碗

　　從三世紀漢代結束至六世紀隋朝建立，隨著商貿交流的日益興旺，文化交流也逐步擴大和深入，各個民族相互融合，絲綢之路還帶來了西方工匠的工藝和作品。

　　隋朝統一中原，高度繁榮的社會經濟，大量使用金銀作為飾物，促進了隋唐金銀器手工業的發展。中國古代的金銀器製作因此迎來了一個新的時代，而有比較明顯的外來文化的痕跡。

　　隋朝歷史較短，因此金銀器也較少，最具代表性的是陝西省西安李靜訓墓中的金銀器，其中以嵌瑪瑙藍晶金項鏈最為精緻。

　　根據墓誌和有關文獻得知，李靜訓家世顯赫，她的曾祖父李賢是北周驃騎大將軍、河西郡公；祖父李崇是一代名將，年輕時隨周武帝平齊，以後又與隋文帝楊堅一起打天下，官至上柱國。

　　公元五八三年，在抗拒突厥侵犯的戰爭中，以身殉國，年僅四十八歲，追贈豫、息、申、永、澮、亳六州諸軍事、豫州刺史。

李崇之子李敏，就是李靜訓的父親。隋文帝楊堅念李崇為國捐軀的赫赫戰功，對李敏也備加恩寵，自幼養於宮中，李敏多才多藝，《隋書》中說他「美姿儀，善騎射，歌舞管弦，無不通解」。

開皇初，周宣帝宇文贇與皇后，即隋文帝楊堅的獨女宇文娥英親自選婿，數百人中就選中了李敏，並封為上柱國，後官至光祿大夫。

據墓誌記載，李靜訓自幼深受外祖母周皇太后的溺愛，一直在宮中撫養，「訓承長樂，獨見慈撫之恩，教習深宮，彌遵柔順之德」。

然而「繁霜晝下，英苕春落，未登弄玉之台，便悲澤蘭之天」。公元六〇八年，李靜訓殁於宮中，年方九歲。皇太后楊麗華十分悲痛，厚禮葬之。

李靜訓墓中最著名的隨葬品是一件通體華光閃爍、異彩紛呈的嵌瑪瑙藍晶金項鏈。這條價值不菲的項鏈戴在小女孩頸上，可見是她生前常佩戴的一件心愛飾物。

該項鏈由二十八個鑲嵌珍珠的金球穿綴而成，每個金球上嵌入十枚珍珠，金珠分左右兩組，每組十四個，其間用多股金絲鏈索相連。上端為金扣環，雙鉤雙環，嵌刻鹿紋及方形、圓形青金石，下端為圓形和方形金飾。

項鏈的最中間有一顆豔紅的雞血石，雞血石下掛著一塊水滴形的藍水晶墜飾，晶瑩透明。項鏈的接口處由三件鑲嵌青金石的金飾組成，其中一塊青金石上雕刻了一隻雄鹿。

大概由於墓主人是女性的緣故，該墓中有大量貴重精美的首飾，如鑲嵌珠寶的金手鐲、金戒指、衣飾上的金花、銀指甲套等金銀飾品。雕琢精細，技藝高超，反映了隋代金銀細工的高水平。

除此之外，隨葬品中還有波斯風格的高足金銀杯和波斯薩珊王朝的銀幣等來自西方的物品。

公元六一八年，唐朝建立，中國進入到空前繁盛的時代，這是一個兼容並蓄而又充滿了自信的時代，也是中國古代金銀器技藝璀璨多姿的新時代。

到了唐代，首先宮廷對金銀器皿的需求數量就相當驚人，詩人王建在〈宮詞〉中寫道，「一樣金盤五千面，紅酥點出牡丹花」，雖不乏誇張，但也反映了唐宮廷大量使用金銀器的事實。

唐代金銀器的製作中心在都城長安，這裡設有官辦的「金銀作坊院」，是專門為宮廷打造金銀器的手工業作坊。到唐宣宗大中年間，又成立了專給皇室打造金銀器物的「文思院」，可能是因為「金銀作坊院」的產品已難以滿足皇室的需求。

唐代金銀細工的工藝技巧，已頗為複雜精細，使用了鈑金、澆鑄、焊接、切削、拋光、鉚鍍、錘打、刻鑿等技術。為取得最佳效果，多數產品在製作過程中都綜合運用幾項不同的工藝技術。

唐代在金銀器製作工藝方面，善於總結前人的成就，創造出五彩斑斕、璀璨奪目的嶄新文化，因此造型精美、結構巧妙、裝飾典麗的金銀器比比皆是。其中，以陝西省西安南郊何家村窖藏最為搶眼，共有金銀器兩百七十件，器物有碗、杯、壺、盒、薰球、釵、龍等。

這些金銀器不僅造型優美，而且紋飾生動、活潑，把動物形象、花草以及人物等系統地結合在一起，空間施以魚子紋，使金銀器更加燦爛奪目。

一些造型特殊的作品，如鎏金舞馬銜杯仿皮囊銀壺等，其形象生動，富麗華美，體現了匠師非常豐富的想像力。

何家村舞馬銜杯仿皮囊式銀壺，仿游牧民族的皮囊式水壺造型，高十八點五公分，口徑二點二公分，底徑八點九至九點二公分，重五百四十七克。

壺的造型採用的是中國北方游牧民族皮囊的形狀，壺身為扁圓形，一端開有豎筒狀的小口，上面置有覆蓮瓣式的壺蓋，壺頂有銀鏈和弓形的壺柄相連，這種形制，既便於外出騎獵攜帶，又便於日常生活使用，表現了唐代工匠在設計上的獨具匠心。

銀壺的兩側採用凸紋工藝各塑造出一匹奮首鼓尾、躍然起舞的駿馬。壺上的駿馬就是唐代有名的舞馬形象。

《明皇雜錄》記載，唐玄宗曾在宮中馴養舞馬四百匹，每年農曆八月初玄宗生日時，則給這些舞馬披上錦繡衣服，踏著「傾杯樂」的節拍，跳舞祝壽。高潮時，舞馬躍上三層高的板床旋轉如飛，有時還讓壯士把床舉起，讓馬在床上表演，而少年樂工則站在周圍為馬伴奏。

也有詩描寫舞馬完成表演後的神態：「更有銜杯終宴曲，垂頭掉尾醉如泥。」此壺的舞馬形象正好與書中記載相互印證，是十分難得的文物珍品。

唐朝初期政權統一，很多少數民族移居中原，其中包括很多契丹人，而這件文物恰是少數民族文化與中原文化交流和融合的產物。

此壺的製作工藝非常獨特。壺蓋帽為捶揲成型的覆式蓮瓣，頂中心鉚有一個銀環，環內套接了一條長十四公分的銀鏈與提梁相連，壺肩部焊接著一端有三朵花瓣的像弓箭形狀的提梁。

壺身是先將一整塊銀板捶打出壺的大致形狀，再以模壓的方法在壺腹兩面壓出兩匹相互對應奮首鼓尾、銜杯匐拜的舞馬形象，然後再將兩端黏壓焊接，反覆打磨致平，幾乎看不出焊接的痕跡。

最令人稱奇的是在壺身中央、壺腹兩個側面用模具衝壓的奇異的舞馬圖，這匹馬身軀健碩，長鬃披頸，前肢繃直，後肢彎曲下蹲，口中叼著一隻酒杯，其上揚的馬尾和頸部飄動的綬帶顯示出十足的動感。

據考證，這是一匹正在舞蹈的馬，綬與「壽」諧音，再現了為唐玄宗祝壽時的壯觀場面。

唐代許多文人曾寫下很多關於舞馬的詩句如「屈膝銜杯赴節，傾心獻壽無疆，更有銜杯終宴曲，垂頭掉尾醉如泥」都是形容舞馬銜杯祝壽這一獨特的宮廷娛樂活動。

何家村發現的金銀器皿，展現了盛唐年間的金銀器風采，這一時期的金銀器皿仍然受到外來文化的影響，像高足杯、折棱碗和器身凸凹變化的器物很流行，而這些大多是從中亞一帶流傳過來的器型。紋飾風格也同樣明顯帶有異域文化的色彩。在一隻銀盤的盤底中央，用淺雕手法裝飾了一隻純金的熊，憨態可掬。

類似的還有內蒙古自治區喀喇沁旗哈達門溝發現的唐獅紋銀盤，高六點七公分，口徑四十公分，盤作六曲葵花形，敞口，圓唇，淺腹，寬折沿，下有三足，呈捲葉形。

盤心捶揲行獅，獅回首怒吼，頸披長鬣，尾部上翹，腿有肘毛。折沿亦飾捶揲花卉，共六組，紋樣皆鎏金。

雄獅形象逼真，肌肉飽滿，孔武有力，姿態威猛雄沉，極好地表現了百獸之王不可一世的氣派。

盤心僅飾一獅，主題突出，僅在細部加以鏨刻，分量極少，盤內除主紋外不再加飾其他紋樣，這是初、盛唐時期銀器裝飾的重要方法之一。而中唐以後，鏨刻的地位逐漸變得十分重要，紋樣也更加滿密，表現風格注重於體現線條的韻味，而不是以體面轉折的體積感為追求。

獅原不產於中國，西漢時始由西域貢入，唐代獅紋比較寫實，與後代標準化的獅紋有所不同。此盤造型、紋樣風格以及製作工藝均具明顯的盛唐特徵，是唐代前期同類器物中的代表作。

在域外金銀器工藝的啟示下，中國工匠逐漸創製出具有中國風格的精美作品。從唐代金銀器來看，其在藝術造型方面頗具特色，一般的盤、杯、盒、壺等器皿，都很注意外形輪廓的變化。

如大型金花銀盤，盤口的外輪廓都呈菱花形或葵花形，線條弧曲流暢，規律勻稱而有變化，給人以豐潤華美之感。

造型最為精巧的是薰球，即香爐，如西安市南郊唐窖藏鏤空鏨花銀薰球，徑四點五公分，鏈長七點五公分，在上下兩半球上透雕精美紋飾，以便香氣向外散發。

金花銀盤內部設有兩個同心圓機環，機環有軸以承托香盂，無論球體怎樣轉動，香盂都仍可保持平衡，這充分顯示了唐代金銀匠師的高超技藝。

　　再如三層五足銀薰爐，高三點五公分，腰圍三十八點五公分，銀薰爐由蓋子、籠子和爐子身三部分組成，壁上有五個環狀紐，各繫吊環，既可放置又可懸掛。

　　唐代金銀器不僅種類繁多，而且紋飾極為豐富。其特點是，初唐時期，無論器型還是紋飾，都具有明顯的波斯薩珊朝風格，紋飾以凸棱、連珠紋及單點動物紋為常見。

　　另外，以纖細的纏枝忍冬、四瓣或八瓣花及線條簡略的折枝花為主，花與人物相襯時結構鬆散。如八棱帶柄杯、花銀高足細柄杯、胡人像銀扁壺及凸雕虎紋銀壺，即是典型之器。

　　陝西省西安市南郊唐窖藏歌舞伎八棱金盃，高六點五公分，口徑七公分，足徑四點三公分。金盃腹以棱面為單位，各作一高浮雕男子，或歌舞、或捧物，神態自然。人物四周環以金珠，杯把作聯珠圈狀，指墊兩側各作高浮雕的老人頭像，深鼻高目，長髯下垂，具波斯特色。

　　還有唐舞伎聯珠柄八棱金盃，高六公分，口徑六公分，金質。口沿外侈呈八角形，腹內收，為八棱，聯珠環把，上有圓蔽遮。八棱圈足，足沿外撇。內壁素面，外壁口沿下和底沿上各飾一周聯珠紋，杯身每棱飾一條聯珠紋，將杯身分成八個長方形，每個長方形中有一舞伎，姿態各異。

　　唐歌舞狩獵紋八瓣銀杯高五點一公分，口徑九點一公分，足徑三點八公分。銀杯為波斯流行樣式，杯腹部分為八面，每面在魚子紋上分刻仕女遊樂和男子狩獵紋，下腹蓮瓣內各飾寶相花，圈足外壁刻六瓣覆蓮。杯內在水波紋地中刻一象頭，間以游魚和蓮葉，指墊上刻一大頭鹿。

　　中唐時期，隨著經濟的發展，貴族官僚追求享樂日盛，金銀器製品增多，波斯薩珊朝風格的造型已不能滿足需要，轉為兼收中國傳統的銅器、陶器、漆器的器型。花鳥紋盛行，纏枝花、綬帶紋豐滿流暢，已具有團花的格局。

　　另外，人們把傳統的龍、鳳、虎、龜、人物和新出現的寶相花、折枝花、纏枝花、鷥鳥、鸚鵡等紋樣巧妙地穿插組合，用忍冬紋作邊飾圖案，形成活潑清新、鳥語花香的唐代新風格。

　　這種類型的金銀器仍然以陝西省西安南郊何家村窖藏最為典型。如刻花赤金碗，高五點五公分，口徑十三點七公分，足徑六點七公分。

　　碗壁錘出雙層蓮瓣，上層蓮瓣內陰刻折枝花和鴛鴦、鸚鵡、鹿、狐狸等珍禽異獸，下層刻寶相花，其餘部分可飛鳥流雲，花卉等，皆以魚子紋為地。此碗製作精細，紋飾富麗，為稀世珍品。

　　何家村唐掐絲團花金盃設計精巧，紋飾典雅。該杯高五點九公分，口徑六點八公分，足徑三點五公分，圓形，侈口，束腰，圈足，有把。

　　杯內壁為素面，外壁飾大型六角掐絲團花五朵；團花之間空白處飾對稱如意雲頭紋。把為環形，帶翹尾，著杯時，食指插入圓形把內，拇指壓住把尾。

　　何家村唐赤金龍精美、異常而生動自然，高二至二點八公分，長四公分，金龍呈奔走狀。用纖細的陰線刻出眉毛、眼睛和頸部的毛髮，通體鏨刻細密的鱗紋。

　　陝西省西安韓森寨緯十街也發現有唐蔓草花鳥紋八棱銀杯，高五點三公分，口徑五點四至六點九公分，足徑三點一公分，鍍金。八曲侈口，腹和足均作八棱形，腰略束。

　　腹壁棱間飾以纏枝蔓草和花鳥相間的圖案各四組，圈足面飾纏枝蔓草紋，環柄上有半圓形護手，護手上飾一展翅飛翔的鴻雁，下以萱草相稱。地紋皆飾魚子紋，刻工精細，富有生機，頗具匠心。

　　還有陝西省扶風法門寺唐真身舍利寶塔地宮中發現的鎏金龜形銀盒，高十三公分，長二十八公分，寬十五公分，分體焊接成型，紋飾鎏金，整個造型作龜狀，引頸昂首，瞪目張口，四足外露，以背殼作蓋，內焊橢圓形子口架。

　　龜首及四足中空，龜首與腹部先套合後焊接，尾與腹亦焊接。背部飾龜背紋，外圍鱗紋一周，首與四腿飾斜方格紋，內填箆紋，下頸，胸部飾雙弦紋數道，以錐點紋作襯托，腹部滿飾花蕊紋。造型手法寫實，紋樣逼真，給人以真實的藝術魅力。

　　此外，晚唐時長江下游的一些地區，金銀器皿的製作也達到相當高的水平，足可與都城的產品媲美。晚唐時期，器型繼承前期：團花紋飾已從原來的陪襯地位一躍而成為主題紋飾，這也是團花紋飾的黃金時期；纏枝花則漸趨呆板被綬帶紋取代。

　　在江蘇省丹徒縣，運河上有一座古老的橋梁，傳說是在古代的一個丁卯日修建的，因此就叫丁卯橋。丁卯橋只是運河上的一座普通橋梁，在丁卯橋附近發現了一些藏著金銀珠寶的罈子。

　　如果單以數量計算，那麼江蘇省鎮江丁卯橋的銀器窖藏，算得上是唐代金銀器最大的發現，共有各種銀器九百五十多件。

　　丁卯橋的銀器中有大量的銀首飾，包括手鐲、釵和戒指等。此外，還有一百四十多件器物都是和飲酒有關的器物，包括烹調器、盛器、食器、飲器、令籌等成套的酒具。

　　丁卯橋的銀器體現了唐朝中晚期金銀器製作的最高水平，和盛唐時代的何家村金銀器相比，製作技藝更加成熟，在藝術風格上也基本完成了本土化的轉型，外來文化已經基本融入中國文化，不分彼此。

　　如丹徒鎏金銀質龜負「論語玉燭」酒籌筒，高三十四點二公分，筒深二十二公分，龜長二十四點六公分；銀鎏金鸚鵡紋盒高八點五公分，腹徑十一公分，足徑九點二公分，蓋面錘出一對鸚鵡和纏枝，四周圍以花瓣紋，蓋及盒側面刻菱形紋。銀鎏金人物小瓶高七公分，口徑三點八公分，腹徑六點六公分。

　　其中以罕見的金花銀龜負「論語玉燭」酒籌筒最有特色，從器物造型到裝飾紋樣完全是成熟而典型的中國民族特色。

　　玉燭由一圓筒和龜座組成，圓筒頂蓋為捲邊荷葉狀，蓋紐做成荷花的花蕾形。筒身上陰刻纏枝捲草紋和龍鳳紋樣，並以細密的龜子紋作地。龍鳳間有一圓筒，內刻「論語玉燭」四字。

圓筒下為昂首曲尾、四足內縮的龜形底座，龜背上有雙層仰蓮，上承圓筒。它竟然用了儒家經典「論語」來命名。「玉燭」兩字，始見於刑昺為《爾雅·釋天》作的疏：「四時和氣，溫潤明照。」

龜背上負一圓筒，圓筒內盛放五十枚鎏金銀酒令籌，每枚酒令籌均刻有鎏金楷書令辭，上半段採用孔子《論語》的語句，下半段是酒令的具體內容。

其中有一枚令籌上刻有「聞一知十，勸玉燭錄事五分」，為酒宴中服務的執事，飲酒五分。

丁卯橋的銀器並不是貴族的家藏品，很有可能屬於當地某個富裕家庭。唐朝時的江南並沒有被大規模開發，社會經濟的發展水平低於中原地區，但是，卻在一個側面反映了當時江南一帶的富庶。

還有陝西省耀縣背陰村唐窖藏刻花「宣徽酒坊」銀碗，高五點八公分，口徑十五公分，足徑七點八公分，銀碗腹部裝飾三層十瓣仰蓮，外底刻出「宣徽酒坊宇字號」七字，表明此碗為內府產品。

此外，在浙江省長興發現了一百餘件金銀器，它們代表了中晚唐時期南方金銀器的風格，器物有杯、羽觴、湯勺、釧、釵、盒、瓶、花櫛、玉燭等。

這批金銀器的特點是既無波斯器物，也無仿製波斯薩珊朝金銀器風格的製品，從器物造型到裝飾紋樣已完全是成熟而典型的中國民族特色，而又極具濃郁的江南風格。

如器物造型花口器較多，碗或盒等多做成六曲、八曲的蓮花瓣、桃形等，而裝飾圖案則以花鳥魚蟲為主，而不見獅、象、鹿等西域游牧文化風格的圖案。

中國的飲茶歷史可以溯源到公元前一千多年，但直至唐朝開元，即公元七一三年以後，飲茶之風才普遍流行開來，並形成了茶道。

唐代盛行煎茶法、點茶法，茶餅被奉為上品。平時，茶餅要懸掛高處，保持乾燥，因此茶籠應運而生，最初使用竹篾編成的籠子，在陸羽《茶經》中稱之為「莒」，也由底和蓋組成。

但在皇家貴族則是由銀或銅製作，因用這些材質製作的茶具，華麗又不會影響茶味。

唐代佛教盛行，較大的寺院將法堂西北角的鼓，稱之為「茶鼓」。僧人在坐禪的間隙中，行茶四五匝，有助於提神修行，飲茶慢慢地成了僧徒生活的主要內容。

一些僧徒還把飲茶提高到「茶佛一味」、「茶禪一味」的高度，於是形成了一整套飲茶禮儀，在佛教重大節慶時，往往舉行盛大的茶儀。

陸羽在《茶經》中特別強調要「制其器，定其法」，因此，在唐代逐漸將飲茶演繹成為一種閒情的藝術，一種文化的禮儀，一種人生的境界，使得飲茶器具也越來越講究精巧。

如陝西扶風法門寺發現的唐鎏金鏤空鴻雁球路紋銀茶籠，高十八點五公分，口徑十五公分，重六百五十四克，籠蓋圓隆，直口，直腹，平底，有四足。

籠蓋和籠身做成子母口，籠蓋頂上有個圓環扣，原本透過一個個相連的一串圓環，將籠蓋與籠身連在一起，現在仍能看到蓋頂有兩個殘存的圓環，籠身兩側各有一個焊接的圓紐，連著一個圓環以連接環串與棱形的提梁。

整個籠蓋、籠身、籠底通體鏤空球路紋網格花紋，內外層都鎏了銀，使籠子非常通透明豔。同時，球路紋蓋而上鏨飾十五隻浮雕狀飛鴻，球路紋籠體外壁也鏨飾二十四隻飛鴻，均作兩兩相對，並列飛翔。

對沿邊、四足與鴻雁都鎏了金，在銀鏈與提梁相連的口沿上緣還飾有一周蓮瓣紋，下緣飾一周上下鑄對的半體海棠紋與魚子地紋，四足與籠底邊沿鉚接，由三個花瓣呈倒品字組成，裝飾繁縟，技藝精湛。

所謂球路紋，是一種遊戲類球形的紋飾。唐代沈佺期的〈幸梨園亭下見打球應制〉有「宛轉縈香騎，飄颻拂畫球」，這是有圖飾的綵球。這種用球形作的紋飾，稱之為「球路」。

這只法門寺銀籠是與茶具放在一起，從其留在器物上的文字，知是唐僖宗在登基前所供奉的皇家之物，故籠子不是一般的竹編，而是用銀來製作。因此，法門寺的銀胎籠客觀反映了持有者的身分地位的差異。

法門寺最早建於公元五世紀的北魏，東面是著名的古都西安。西安在唐代成為世界最大和最富庶的城市，而法門寺也在唐代成為規模宏大的皇家寺院，史書中曾記載法門寺塔下有地宮，地宮中埋藏的釋迦牟尼的一節指骨舍利和無數珍寶。

法門寺地宮中珍藏著金光閃閃的寶函。寶函一層套著一層，最外面套的是檀香木，但已經已經朽爛，接下來是金、銀、玉、珍珠鑲嵌的各種寶函，一共套了八層。這八重寶函的精緻令人驚嘆，其中有六件是金銀製品。

第一重為寶珠頂單檐四門純金塔。金塔高一百〇五毫米，塔頂為金質蓮花朵捧托金珠頂，四面檐角翹起，閣額及檐下均飾菱紋。

塔身四壁刻滿紋飾，並且有四扇小金門，門的周圍布滿魚子紋，門下部有象徵性飛梯至塔座，小巧玲瓏，金碧輝煌，盤為細頸鼓腰狀，喇叭口徑處雕十二朵如意雲頭，鼓腰上二平行線連為四組三鈷紋桿狀十字團花，襯以珍珠紋腰底為蓮瓣形，銀柱托底也呈八瓣蓮花狀。

間以三鈷紋，柱底還有一墨書小字「南」，塔座為純金方台，中立一小銀柱，用以套置佛指舍利，僅十一毫米高。

第二重為金筐寶鈿珍珠裝武夫石寶函，以珍珠裝武夫石磨製而成，周身以雕花金帶為邊，鑲嵌珠寶花鳥，通體以珍珠、寶石嵌飾，並雕上花瓣圖案，極其華麗精美。

第三重為金筐寶鈿珍珠裝純金寶函，由純金雕鑄，函身鑲滿紅寶鈿、綠寶鈿、翡翠、瑪瑙、綠松石等各色寶石，並鑲嵌寶石花朵，涵蓋頂面和側面紅、綠二色寶石鑲嵌成大大小小的蓮花，通體以珍珠、寶石嵌飾，並雕上花瓣圖案，極其華麗。

第四重為六臂觀音純金盝頂寶函，寶函重一千五百一十二克，函蓋雕有雙鳳及蓮蓬，蓋側有瑞鳥四隻繞著中心追逐，正面為六臂如意輪觀音圖，左

側為藥師如來圖，右側為阿彌陀佛圖，背面為大日如來圖，外壁鑿有如來及觀音畫像，或飾以雙鳳翔，配以蔓草紋，或刻上金剛沙彌合什禮佛的圖景，造型逼真而細膩。

第五重為鎏金如來說法盝頂銀寶函，鈑金成形，紋飾鎏金。函件正面有如來，四周有兩菩薩、四弟子、二金剛力士、二供奉童子，外壁鑿有如來及觀音畫像，或飾以雙鳳翔，配以蔓草紋，或刻上金剛沙彌合什禮佛的圖景，造型逼真而細膩，場景豐富生動，人物眾多，工藝精湛。

第六重為素面盝頂銀寶函，通體光素無紋，素淨，不加絲毫雕刻繪描而渾然生輝，有絳黃色綾帶封繫。蓋與函體在背後以鉸鏈相接，是八個寶函中最特別的一個。

第七重為鎏金四天王盝頂銀寶函，函體以平雕刀法刻畫「護世四大天王」像，正面有一金鎖扣和金匙，「盝頂」是中國傳統建築形式之一，呈四面坡，中為四條平脊相圍的平頂。以銀鑄成，四壁以平雕刀法刻有「護世四大天王」像，頂面有行龍兩條，為流雲所圍。

寶函上四天王形象栩栩如生，持弓執箭，各有神將、夜叉多人侍立，極其威嚴，使人肅然而敬。凝目而視，彷彿誘人追隨函壁的畫像馳騁三界，遨遊九重天。

第八重為銀稜盝頂檀香木寶函，函內是一個略小的鎏金盝頂四天王寶函，用一條約五十毫米寬的絳黃色的綢帶十字交叉緊緊捆紮。頂面鑿兩條行龍，首尾相對，四周襯以流雲紋；每側斜面均鑿雙龍戲珠，底飾捲草；四側立沿各鑿兩只迦陵頻伽鳥，身側飾以海石榴花和蔓草。

函的四側面分別刻著四大天王圖像。正面是北方大聖毗沙門天王，左面是東方提頭賴吒天王，右面是西方毗盧勒叉天王，後邊是南方毗婁博叉天王。

最外層是一個長、寬、高各三十公分的銀稜盝頂黑漆寶函。所謂盝頂，就是涵蓋上稜成斜面的函。它是用極珍貴的檀香木製成，用雕花銀條稜邊。

八重寶函的價值不僅在平雕刀法、寶鈿珍珠裝及盝頂這些古代工藝，還在於刻鑿在四周壁面上的文殊、如來造型，正是佛教密宗內蘊的深刻表現，是密宗文化藝術史的一幅剪影。

　　第一重塔狀金寶函小巧玲瓏，金碧輝煌。這個純金塔的蓋子揭開以後，在塔座的銀柱上赫然套著一個白色的管子。這就是佛指舍利的影骨，是仿造真身舍利的一件玉器。

　　而真正的佛指舍利被祕密地放在地宮的一個密龕裡。鏽跡斑斑的鐵函裡套著一重寶函，這是一個鎏金的銀寶函。寶函造型方厚，四壁和頂上雕刻著四十五尊形態各異的菩薩像。這些神異的菩薩像，按照某種秩序排列。

　　在梵語中，這種奇妙的形式叫做曼荼羅。簡單地說，曼荼羅就是凝結佛教精華的壇場，用佛教的話說，就是匯聚精華，散發光芒。顯然，這樣的寶函裝飾是有著深刻含義。

　　在銀函裡面，有一重檀香木函和一個水晶棺槨，最裡面是潔白的小玉棺，一枚佛指靜靜地躺在玉棺裡面。這枚骨質的舍利就是佛祖釋迦牟尼的真身指骨。

　　為了供奉這尊世間僅有的佛指舍利，唐代皇家專門製造了一批金銀法器。

　　如有一根長一百九十六公分、重二點三九公斤的雙環十二輪鎏金銀錫杖，杖身中飾柿蒂狀忍冬花結座，上托流雲仰蓮，五鈷杵及智慧珠。錫杖尊體由覆蓮八瓣組成，錫杖下端有三欄團花紋飾，欄之間以珠紋為界，極為精細。杖身中空，通體襯以纏枝蔓草，上面鏨刻圓覺十二僧，手持法鈴立於蓮花台之上，個個憨態可掬，神情動人，錫杖下端綴飾蔓草、雲氣和團花。

　　杖首用銀絲盤曲成雙桃形兩輪，輪頂有仰蓮流雲束腰座，上托智慧珠一枚。

　　其中四個大環象徵四諦：苦、集、滅、道；十二小環則代表十二部經。杖頭為雙輪四股十二環，四股以銀條盤曲而成，每股套裝雕花金環三枚，股側銘刻：

文思院於唐咸通十四年三月二十三日，敕令打造迎真身銀金花十二環錫杖一枚，並金共重六十兩，內金重二兩，五十八兩銀，打造匠臣安淑郳，判官賜紫金魚袋臣王全護，副使小供奉官臣虔詣，使左監門衛將軍弘慤。

這枚錫杖是佛教世界的權威，屬佛祖釋迦牟尼，是世界錫杖之王。《錫杖經》記載佛告諸比丘：「持此杖即持佛身，萬行盡在其中。」為佛門法器中的至寶，堪稱世界「錫杖之王」。

還有一尊通體掛滿珍珠瓔珞的鎏金菩薩，是唐懿宗在三十九歲生日時，為供養佛指舍利而敬造。她手捧象徵純潔的荷葉，荷葉上托著刻有祈願文字的銀匾，在銘文中她被稱為捧真身菩薩。

菩薩主體是銀質的，採用了鏨刻、鈑金、鎏金、鉚接等多種工藝方法，是唐代同類金銀器中最宏大的一個。皇室甚至還為這位菩薩專門準備了衣服。

奇特的是，法門寺的大部分絲織品都已經炭化，只有這五件蹙金繡被完整地保留了下來。

這些金線其實是用黃金拉成，平均直徑只有〇點一毫米，最細的地方僅有〇點〇六毫米，比髮絲還要細。

正是這些鑲嵌在織物中的金線阻擋了時光的侵蝕，在一千多年後還能一睹唐代絲綢的真容。

這件微型蹙金繡衣有著短短的袖子，下擺的長度剛剛到達胸部，這是典型的中國唐代侍女短袖上衣。

與佛教相關的，還有甘肅省靖川縣大雲寺舍利石函中的金棺銀槨，金棺高三點一至四點六公分，寬二點三至三點五公分，蓋長七點五公分，棺座長七點一公分，寬四點六至五點四公分，重一百〇八克；銀槨高五點四至七點一公分，寬四點九至六公分，蓋長十點七公分，槨座長十點五公分，寬六點七公分至八點四公分，重三百四十九點五克。

金棺、銀槨的形制基本相同，滿飾花紋，並黏貼釋迦牟尼十大弟子像和珍珠、寶石、水晶等，整個棺具玲瓏別緻，工藝絕倫。

此外，內蒙古自治區喀喇沁旗唐金花銀盤也反映了佛教題材，盤心為兩條獸首捲鼻的摩羯魚繞一寶珠洄游。「摩羯」為佛教中的一種神魚，龍首魚身，類似中國的河神。大藏經《一切經音義》卷四十記載：「摩羯者，梵語也。海中大魚，吞噬一切。」

唐代時，河南省洛陽成為另一重要都城，因此這一地區也發現了大量的金銀器。包括錢幣、佛像、首飾等。

如鎏金「開元通寶」，直徑二點五公分，重四點三二克。「元」字第二筆左挑，背帶月牙紋，通體鎏金。

鎏金「封泉寶」，直徑二點五公分，重四點〇八克。隸書錢文，「乾」字作「軋」，錢背與錢面四字對應出位四朵陰刻變體蓮瓣紋，通體鎏金。

鎏金婆難陀蛇龍王銅像，高七點六公分。面目清秀、長髮披肩、袒胸露腹，雙手持帶弄蛇，下著寬鬆軟褲，赤足站立於蓮花寶座上。

鎏金銀鳳釵，長二十三點三公分，重七點五克。銀質，正面鎏金，釵尾飾鳳鳥，山岳圖案。

鎏金銀釵，高二十九點五公分，重九點四克。銀質，正面局部鎏金，飾鴻雁、捲雲及蔓草紋。

河南省登封縣王河村發現一件奇特的長方形黃金簡，長三十六點二公分，寬八公分，重兩百二十三點五克，厚〇點一公分，正面鐫刻雙鉤楷書銘文三行六十三字。銘文寫道：

「大周國主武曌好樂真道，長生神仙，謹詣中岳嵩山門，投金簡一通，乞三官九府除武罪名。太歲庚子七月甲申朔七日甲寅，小使臣胡超稽首再拜謹奏。」

意思是說，大周國皇帝武曌信奉道教真神，在中岳嵩山向天地諸神遞上這枚金簡報到，請求諸位神仙除去武在人間的罪過，這上面自稱武的人竟然是中國歷史上赫赫有名的女皇武則天。

唐代金銀器往往還要刻上官銜姓名，如西安北郊發現的唐代雙鳳紋銀盤背面鏨刻有「浙東都團練觀察處置等使大中大夫守越東刺史御史大夫上柱國賜紫金魚袋臣裴肅進」字樣，以後陸續還發現鏨有李勉、劉贊、敬晦、田嗣莒、李桿等結銜勒名的金銀器，均屬向皇帝進奉之物。

【閱讀連結】

從唐代開始，中國古代金銀器的製作技藝進入到一個嶄新的時期，唐代金銀器經歷了一個由簡單轉向複雜的過程，從唐初的波斯薩珊朝風格轉向中國傳統風格。

前代盛行的錯金銀和鎏金技術雖然還在使用，但不再是主體，真正意義上的金銀器皿成為時代的主角。更加璀璨的金銀器還將出現在人們的視野中。

雖然法門寺地宮的金銀器中有相當多的宗教用品，但實際上到了晚唐時期，金銀器已經深入社會，遍及日常生活的各個層面，有食器、飲器、容器、藥具、日用雜器和裝飾品。

▌承前繼後的五代十國金銀器

■五代十國時期的金書鐵券

公元九〇七年朱溫代唐即皇帝位，國號為梁，史稱後梁，結束了李唐統治，拉開了五代十國的序幕。五代十國不過五十四年，在中原及其臨近地區先後建立了十五個「王朝」。

五代十國各有自己的金銀作坊，生產了一批金銀器，但能夠代表工藝水平的，也就是吳越、南唐和前蜀的金銀器而已。

這三國的主要地盤是江蘇、浙江和四川等經濟、文化相對發達的地區，發現了少量的首飾、器皿及其他多種用途的附件。

從這些零星的金銀器中，可以看到具有唐代金銀之遺風者和略有新意的兩種過渡型的製品，它們為北宋金銀器藝術風格的誕生提供了物質的、工藝的條件。

吳越國是五代十國時期十國中的一國，由浙江臨安人錢鏐創建。在五代十國時期，南北分裂，北方中原地區兵革重興，對佛教限制嚴格。

公元九五五年，周世宗滅佛，廢除未經國家頒額的寺院，並將民間保存的銅佛像全部沒收。這樣，原來僅僅得以維持的北方佛教更為凋零。

此時南方相對安定，一些國家的統治者熱心於佛教，尤以吳越國為甚。歷代吳越國王保境安民，奉中原各朝正朔，在這種環境下，吳越國境內佛教大盛。

吳越國末代國王錢俶，更是廣種佛田，建造佛塔無數。《佛祖統紀》記載：

「吳越王錢俶，天性敬佛，慕阿育王造塔之事，用金銅精鋼造八萬四千塔，中藏《寶篋印心咒經》，布散部內，凡十年而訖功。」

錢俶崇佛最著名的事例就是效仿印度阿育王建造了八點四萬座寶塔，這些寶塔大多為金屬小塔，用來藏經卷或瘞舍利之用。以銅塔為多，鐵塔略少，塔上均鑄有銘文。

錢塘江邊上有六和塔，傳說是錢俶為了鎮住肆虐一時的錢塘江大潮而建。溫州白象塔是漆阿育王塔，是僅見的一座漆塔，也就是延壽造夾紵育王塔。建造雷峰塔，則是為了奉安「佛螺髻髮」。

　　但是，雷峰塔地宮中內放金棺的銀鎏金阿育王塔，和天宮中內置金瓶的銀阿育王塔，是僅見的兩座銀塔，就是錢俶專門為雷峰塔特製，模擬唐代以金棺銀槨的最高規格瘞埋佛祖舍利。

　　雷峰塔地宮發現的用金棺盛裝「佛螺髻髮」舍利的純銀阿育王塔，是當年吳越國王錢俶建造皇妃塔，後稱雷峰塔的核心所在，也是他畢生崇佛的體現。純銀阿育王塔直接仿自延壽造夾紵育王塔，間接仿自鄮縣阿育王塔。

　　這座阿育王塔通體呈純銀質地，外表局部被鑲嵌上鎏金，雖經歷了千年的洗禮，但依然完好無損，熠熠生輝。

　　在外形上，阿育王塔是單層束腰狀，自下而上由基座、塔身、塔頂三部分組成，塔頂蓋四角各聳立一朵蕉葉狀山花，塔頂正中立著塔剎、相輪。

　　阿育王塔體高三十五點六公分，最寬部位為十二點六公分，重一千兩百七十二克。底板、基座、塔身、頂蓋、山花蕉葉、塔剎、相輪、金棺等部件，均捶撰成型後整體接合、安置。

　　底座為方形基座，寬十二點五公分，高四點二公分，下有一片銀版封護，每個側面有五棵菩提樹與四尊禪定佛像，互相間隔排列，表現了釋迦牟尼樹下成佛的景象。

　　方形塔身的立面呈倒梯形，寬九點五公分至十二點六公分，高九公分，四面的圓拱形龕內鏤刻佛本生故事畫面，每面一幅，一圖一景，上面四角各立著一隻大鵬金翅鳥。金翅鳥用梵語叫「迦樓羅」，為護法的「天龍八部」之一。

　　在塔身四面的佛本生故事，正面雕刻著「薩埵太子捨身飼虎」，以此面作為觀察者視線的前面，則右面為「快目王舍眼」，左面為「月光王施首」，後面為「尸毗王割肉貿鴿」本生。

　　塔身的最上層圖案，兩邊為忍冬紋，正中以獸面作裝飾。佛本生故事講述了釋迦牟尼前生的累世修行，意在宣揚佛的善行。

塔頂蓋四角的山花蕉葉，每個角的向外部分都垂直折成兩個面，每個面各分上下兩層，上面捶揲，鏨刻佛傳故事畫面共十六幅。

每個角的向內部分，則捶揲佛坐像、立像和舍利瓶，舍利瓶象徵著釋迦牟尼的涅槃。

金棺銀塔其意義等同於金棺銀槨，是瘞埋佛舍利的最高規格。

雷峰塔的天宮也發現有銀質阿育王塔，但塔的頂部夾雜在一堆磚頭裡，邊上還散著很多銅錢，這座阿育王塔已被擠壓得嚴重變形，塔裡放著的舍利金瓶也被壓扁，不過金瓶裡的舍利還是完整的。

天宮、地宮兩座銀質阿育王塔的形制、裝飾題材、質地均相同，不同之處是地宮的阿育王塔內有金製容器，即「金棺」，存放當年錢俶供奉的「佛螺髻髮」舍利；而天宮的阿育王塔內懸掛四公分高的葫蘆狀金瓶，內裝舍利。

此外，浙江省臨安縣板橋的五代早期墓葬中，墓主人應該是吳越國的王室成員。這裡共有銀器十七件，總重六千五百克，器形有盂、盤、壺、碗、盒、匙、筷等，器物或素面，或鏨刻花卉、花鳥紋樣，銀器在造型和裝飾圖案上，多沿襲唐代的特點和風格。

南唐是五代十國的十國之一，定都金陵，即南京，歷時三十九年。南唐一朝，最盛時幅員三十五州，大約地跨江西全省及安徽、江蘇、福建和湖北、湖南等省的一部分。

南唐三世，經濟發達，文化繁榮，使得江淮地區在五代亂世中「比年豐稔，兵食有餘」，為中國南方的經濟開發作出了重大貢獻，南唐也因此成為中國歷史上重要的政權之一。

南唐時，揚州、潤州的金銀器和銅器製造堪稱典範，據傳李煜特命工匠打造高達六尺的金蓮，宮女窅娘立於蓮上，纏足翩翩而舞。

戚氏《續志》中說：「金陵坊銀行街，物貨所集。……」這些坊均為手工業作坊集中地，所謂銀行，就是金銀器加工場。

如安徽省合肥市南唐湯氏墓發現的四蝶銀步搖，高十九公分，寬九公分，用金絲盤成四隻飛舞的蝴蝶，兩翅滿鑲黃色琥珀，下垂珠玉串飾，製作極精緻。

步搖是一種頭上的飾品，多插在各種形狀的高髻之上，其名稱意喻隨步而搖動，可以以細絲連接幾個部分，又可以形成下垂的珠鏈式，稍有震動，便晃動搖擺。自古以來，無數文人墨客在描繪美女風姿時，常在步搖上斟酌佳句。

如白居易在〈長恨歌〉中吟「雲鬢花顏金步搖」，用來勾畫楊貴妃的傾城之貌，另有「麗人綺閣情飄鷂，頭上駕釵雙翠翅」、「燈前再覽青銅鏡，柱插金釵十二行」和「步搖金翠玉搔頭」等，都如實記錄下當時的金、銀、玉、翠等步搖的裝飾趣味。

這支南唐四蝶銀步搖代表了五代藝術的秀氣玲瓏風格，主體以銀片和銀絲做成四隻蝴蝶戲花形，然後再以銀簧與釵頸相連。這樣的步搖戴在頭上，隨蓮步微挪而輕輕顫動，宛如彩蝶飛舞於花叢之中，它一方面說明了唐至五代人們酷愛花鳥題材，一方面還隱喻著對美好愛情的嚮往與追求。

同處發現的還有南唐金鑲玉步搖，高二十一公分，寬十四公分，上端像雙翅展開，鑲著精琢玉片花飾，其下分垂珠玉串飾。

另外還發現有南唐時銀質鉢，高二點五公分，徑七點六公分，重五十六點七克，圓形，包漿古舊，形體自然、流暢，鉢體厚實，製作精美，線條流暢，品相完好，當為五代南唐皇室或上層貴族所用。

前蜀是五代時十國之一，由高祖王建所建，都城在成都。盛時疆域約為四川大部、甘肅東南部、陝西南部、湖北西部。歷二主，共十八年。王建的陵墓坐落於成都市中區，墓中發現了極為豪華的金銀平脫器朱漆冊匣等，嵌孔雀、獅、鳳、武士等花紋，較之唐代製品毫無遜色，說明五代工匠還能熟練製造平脫器。

該墓發現有銀、銅、漆、玉、石、陶質隨葬品三十餘件。棺內有玉銙、鉈尾和銀扣保存完好的大帶。銀盒、銀鉢、銀獸、銀頤托、金銀胎漆碟、銀平脫朱漆鏡奩，裝飾繁縟精美，是當時的工藝佳作。

　　金銀平脫漆器自唐代開始成為皇家御用和饋贈的高檔禮品，唐代的金銀平脫器的製作已經有了明確的分工，即平脫花片由金工鏤刻，然後再由漆工鑲嵌在漆器上。

【閱讀連結】

　　江蘇省蘇州瑞光塔又稱「瑞光寺塔」或「瑞光院塔」。瑞光寺，初名「普濟禪院」。公元二四七年，孫權為了報答母恩，在瑞光寺中建造了十三級舍利塔。五代後晉時重修，並敕賜一枚銅牌置於塔頂。

　　在塔的一二層之間，發現有一石函，石函內放漆器和五代嵌螺鈿藏經箱，上面寫有「辛酉歲建隆二年十二月十七日丙午入寶塔」，箱內放有已經硬化作黑色的磁青紙經七卷，各卷外面用絹質物包裹以及錦包竹簾一塊、長方形象牙牌一塊和破殘經帙。

　　嵌螺鈿藏經箱長三十五公分，寬十二公分，高十二點五公分，木胎，用合題法鑲榫製作。長方形，箱蓋盝頂，台座略寬與箱身連接。表面黑漆，經箱上的花紋圖案都是用螺鈿裝飾。

　　經箱的台座用須彌座形式，設壺門，壺門內貼嫩芽形圖案的木片，上面貼金箔，間以花瓣形貝片圖案。蓋、身、台座緣鑲嵌由花苞形、四瓣花形、雞心形組成帶條，這些裝飾既顯示鑲嵌製作的細謹，又襯托出整體圖案的絢麗多姿。

金銀滿堂 宋元明清金銀器

　　宋元金銀器以器型設計構思巧妙、富有靈活性與創造性的多種加工技法為特徵，以其小巧玲瓏的形制顯示出造型工藝技巧的高超，而同一種金銀器皿的造型還往往具有多種不同的形制。

　　明清兩代金銀器越來越趨於華麗、濃豔，宮廷氣息愈來愈濃厚，器型的雍容華貴，寶石鑲嵌的色彩斑斕，特別是那滿目皆是的龍鳳圖案，象徵著不可企及的高貴與權勢，這一切都和明清兩代整個宮廷裝飾藝術的總體風格和諧一致。

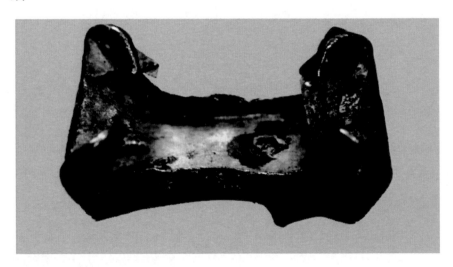

▎清新素雅的宋代金銀器

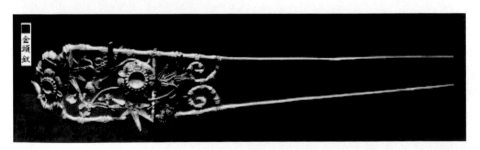

■金頭釵

兩宋時期，金銀器的製造業更為商品化，皇親貴戚、王公大臣、富商巨賈都享有大量的金銀器，上層庶民和酒肆的飾品及飲食器皿也都使用金銀器。

隨著金銀器的社會化，宋代金銀器無論在造型上或紋飾上一反唐代的富麗之風，而變得素雅和富有生活氣息。

時代風氣的變化對金銀器的製作產生了深遠影響，宋代金銀器的造型極富變化，盞、杯、碟、盤、瓶、盒等常用器物都各有不同的樣式；不少器皿直接模仿自然界中花、果、草、木的形態，清新素雅、匠心獨運。

宋代金銀器以器型設計構思巧妙、富有靈活性與創造性的多種加工技法為特徵。

如江蘇省南京幕府山宋墓發現的雞心形、蝌蚪形金飾，龍鳳、團龍、如意金簪和金絲櫛背，都以其小巧玲瓏的形制顯示出造型工藝技巧的高超。

這時，同一種金銀器皿的造型還往往具有多種不同的形制，如杯、盞就有五曲梅花形、六曲秋葵形、八曲方口四瓣花形、十二曲六角梔子花形、八角形及荷葉形、蕉葉形、重瓣菊花形、桃形、柿形、瓜棱形與柳斗形等。

如江蘇省溧陽平橋發現的宋代鎏金覆瓣蓮花式銀盞，即分作單瓣、重瓣和複瓣型三種。該盞高五點三公分，口徑九公分，重六點五克，鎏金。

直口平唇，弧圓腹，喇叭形圈足。口沿外鏨刻一周花蕊紋，盞體錘揲出外突的覆蓮瓣，圈足鏨刻重瓣覆蓮及聯珠紋。盞內底心錘出隱起蓮蓬，含蓮子十三枚，周刻花蕊紋兩周。整盞紋飾猶如一朵怒放的蓮花，具有古樸清雅的風格。

盤除圓形外，還有海棠形、五瓣梅花形、六瓣菱花形、重瓣菊花形及八角形和四角如意雲頭形。盒也有圓形、八瓣花形、八棱菱花形、十二曲花瓣形與三十二曲花瓣形等多種。

宋代有大量仿古青銅禮器形制的銀器，如江蘇省溧陽平橋發現的雙獸首耳乳釘紋鎏金夾層銀盞，和江西省樂安窖藏的乳釘紋凸花銀杯等，為使其外

觀具有銅器的渾厚凝重感，採用了前所未見的夾層合成法製作，表現出靈活多變的加工技巧。

雙獸首耳乳釘紋鎏金夾層銀盞，口徑八點七公分，底徑五公分，高七點一公分，重一百七十八克。直頸，侈口，圓鼓腹，圈足，雙獸首耳，風格渾厚凝重，盞內外壁為夾層，盞內素面，頸外飾兩周雷紋，腹部為雷紋地斜方格乳釘紋，獸首耳正面作雷紋地乳釘紋，圈足下部有一道雷紋。

宋代金銀器的裝飾工藝繼承和發揚了唐代的傳統，裝飾花紋多按照器物造型構圖，並採用新興的立體裝飾、浮雕形凸花工藝和鏤雕為主的裝飾技法，將器型與紋飾結合成完美和諧的整體，使器物具有鮮明的立體感和真實感。

如河北省定州塔基發現的宋代纏龍銀瓶和銀塔，龍的形象栩栩如生。

江蘇省溧陽平橋窖藏的宋代蟠桃鎏金銀盞採用立體裝飾，於半桃體形的盞口沿上焊接出形態逼真的枝葉，既為裝飾又是把手，還在盞內底壓印有「壽比蟠桃」四字，將器型、紋飾、實用及寓意融為一體。

五曲梅花鎏金銀盞，是公元一九八一年在此出土。其口徑九點四公分，底徑四點四公分，高四點八公分，重六十一點五克。銀盞敞口，呈五曲梅花形，深腹；五曲花口圈足，外侈。盞內壁每一花瓣區間刻有形態各異的折枝梅，底心凸飾梅花一朵；圈足邊飾幾何紋帶；凡文飾處均鎏金。

銀盞為酒具。使用貴重的銀質酒器，在宋代官府及民間上層社會中十分流行。宴席上擺上一套銀餐具，其豪華氣派更能增添宴會氣氛。這件五曲梅花鎏金銀盞造型別緻，文飾精美，造型和裝飾圖案融為一體，恰似一朵盛開的梅花。

一同在此出土的還有六曲秋葵花鎏金銀盞、八曲菱花鎏金銀盞和十二曲六角梔子花鎏金銀盞。銀盞製作工藝採取了錘擊、刻、焊接等方法，表現了宋代工匠的高超技藝。

六曲秋葵花鎏金銀盞，口徑九點八公分，底徑四點二公分，高五公分，重六十二點五克。銀盞敞口，深腹，設圈足，腹壁作六片花瓣依次疊邊，圈

足亦呈六曲花口，外侈。內壁花瓣區間皆刻測視的秋葵一枝，底心凸刻俯視的秋葵花一朵。圈足邊飾幾何形紋，紋飾出自鎏金。

此盞造型、圖案皆以秋葵為題材，形神兼備，儀態萬方，刀法細膩，堪稱宋代銀器的代表作品。

八曲菱花鎏金銀盞，口徑十點二公分，底徑四點五公分，高四點六公分，重六十一點六克。銀盞敞口，口作八曲四瓣花形，深腹，圈足亦作八曲方口四瓣形。盞內菱花壁每曲花瓣上皆 刻一株菱花，底心凸刻一朵菱花，圈足邊刻幾何形紋帶。文飾出均鎏金。此盞造型，圖案皆以菱花為題材，製作精細，構思奇巧。

十二曲六角梔子花鎏金銀盞，口徑十公分，底徑四點四公分，高四點八公分，重六十點九克。銀盞敞口，口呈十二曲梔子花形，深腹，圈足亦作十二曲六角梔子花形。盞內壁每曲花瓣內各 刻一枚梔子花，底心凸刻一朵梔子花，圈足邊刻幾何形紋帶，紋飾處均鎏金。

產生於唐代的浮雕形凸花工藝，在宋元金銀器中已普遍用於器物的主體紋飾，並發展出新的淺、中、高三種凸花形式，多與模壓、鏨刻、焊接、圓雕等工藝相配合。如安徽省六安縣嵩寮岩發現的宋代銀質鎏金童子花卉托杯、江蘇省溧陽平橋窖藏的宋代凸花獅子戲球圖及瑞果圖等鎏金銀盤，就同時採用三種凸花工藝與其他技法配合而成的代表作品。鏤雕工藝多用作金銀飾件和某些器蓋或薰爐、盒等的花紋裝飾。

在宋代金細工藝中常用龍作為裝飾的題材，龍是古代人們想像中的神物，是傳統的吉祥象徵，常常裝飾在人們的日用物品上。在安徽省發現的宋雙龍金香囊，長七點八公分，寬六點五公分。香囊為雞心形，佩掛腰間，用於避邪除災。係用兩片金葉捶壓合成，中心微鼓，邊緣較薄，邊緣鏨刻連珠紋和草葉紋，兩面紋飾一樣，均鏨刻首尾相對的雙龍紋，中空處應是填香料的地方，頂端有一穿孔，用以穿繫佩掛。

該香囊在製作工藝上採用捶、刻和壓模等工藝製成，既是實用的裝飾品，又是精緻的工藝品。

江蘇省南京幕府山宋墓的雞心形金飾件，高八點五公分，寬五點七公分，以透雕和凸花工藝相結合的裝飾技法，刻畫出一對金鳳翱翔在花叢之中的生動形象。

四川省彭州市西大街窖藏，是最大規模的宋代金銀器窖藏，共發現各式器物三百五十件，集中展現了宋代金銀器的整體風貌。

江蘇省南京長干寺遺址地宮發現宋代金器、銀器、鎏金器二十餘件，以阿育王塔為其代表，反映了宋代銀作工藝的最高水平，器物外覆鎏金銀板，銀板採用捶揲工藝等製作佛像和題記。如長干寺舍利銀槨，蓋長十一點五公分，底頭寬四點三公分，尾寬三公分，頭高四點九公分，尾高三點九公分，重兩百二十三克。

銀槨和頭部鏨刻乳釘、柵欄，每門三排十二枚，門兩邊刻草紋，門上刻流雲一道，在中間擁托慧日智珠一顆，槨後頭刻纏枝花葉，作如意狀，槨兩旁各刻高髻，雙首鳥身迦陵頻迦，四翅，一手托花盤，一手作張開狀，飛行在纏枝花葉之中。

槨蓋頂刻飛天兩個，高髻，裸上身，下著長裙，首戴瓔珞，左手張開高舉，右手持花盤，作翻身回顧之狀，後者雙手持果盤，作行進之狀，綬帶飄逸，前端有如意寶珠，四周刻流雲和圈點紋。

長干寺舍利金棺蓋長六點四公分，底長五點一公分，頭寬一點九公分，尾寬一點六公分，頭高二點八公分，尾高二點一公分，重九十六克。

金棺除棺底外，遍體淺刻精細花紋，都以珠紋作地，棺頭下刻乳釘各三排九枚，中部刻窗櫺，頂部刻捲雲如意紋，棺後刻如意狀花葉五朵，頂托慧目。

兩側各刻飛天兩人，前者兩臂伸張，後者雙手捧果盤，四周布滿捲雲如意紋圖案，棺蓋刻三隻仙鶴翱翔於如意雲紋之中，刻紋雕鏤精細，活潑流暢，在唐代金銀器中實屬罕見。

長干寺舍利小金棺蓋長二點九公分，底長兩公分，底寬〇點七公分，頭高一點一公分，重五克。遍體素面無紋飾，藏於長干寺舍利金棺內，棺內盛有阿育王舍利十一粒，外裹墨書簽字紙條。

另外，河南省鄧州福勝寺塔中，也有珍貴的宋代金棺銀槨發現。福勝寺梵塔建於北宋時期，其中有金棺一件，金板製成，置於銀槨內前部，頭西尾東，作前高後低的長方形，長十九公分，前寬十一公分，後寬九公分，前高十三公分，後高七公分，重六百二十克。

金棺底板四周向外呈斜面，其上鏨有麻點紋組成的壺門十個，兩側六個，前後四個，前後左右對稱。

金棺前擋上方高出兩側棺板有一三面形結構，正面上部壓印出四阿式屋頂，脊獸、瓦當俱全，從正脊兩端的吻獸處用金絲連接在前擋上方。

檐下前擋上鏨一方框，框內鏨刻護法神像兩尊。左像面目猙獰，尖下頦，短鬚，頭後有火焰紋頭光一周，身著長袍，腰束帶，赤足站立，左手握劍，右手撫鬚。

右像面部豐滿，怒目平視，短鬚，頭戴冠，冠帶向外飄曳，頭後亦有火焰紋頭光，身著寬袖長袍，赤足站立，左手撫鬚，右手握劍。

後擋與前擋相同，上邊高出兩側棺板，表面鏨刻銘文六行：「維摩院僧趙過，觀音院僧惠應，龍山院僧儀朋、張谷，打造人趙素。」

右側棺板前高後低，板面鏨刻文殊菩薩坐於獅背的蓮台上。獅子張口昂首，挺胸前進，背負的蓮台下鋪有花薦。獅前有光頭獅童回首牽引。獅後隨三人，第一人為長鬚老翁，戴平頂高帽，身著長衣；後兩人為高髻少女，身穿曳地長裙，雙手舉幡旗。

獅子頭前的上方還刻有花束一枝，獅子的前後用麻點紋組成的捲草紋五組填補空白。棺板前端的邊沿處有麻點紋組成的捲草紋邊框。後端邊沿處刻「未年三月造」五字題銘。

　　左側棺板與右側相同。表面鏨刻方框，框內刻涅槃圖。下部刻一虎足床，床上方設帳。釋迦牟尼側臥於帳內床上，面部豐滿，身著掩足長衣，頭枕左上肢。床周圍有佛徒六人，作仰面痛哭狀。

　　棺板前方刻有麻點紋組成的捲草紋。棺蓋為八棱形，蓋頂刻鳳鳥一對，頭向內，喙向前，高冠，各銜牡丹花一枝，頸部彎曲，作展翅飛翔狀。線條流暢，形態生動。雙鳳的周圍以麻點紋組成十一組捲草紋填補空白。

　　棺蓋的前端為歡門式的裝飾，周邊勾出輪廓，內鏨麻點紋，上沿翻捲，扣在棺蓋的前方，並用金絲穿結。棺蓋的後尾將金板的六棱剪開，向下收縮曲捲。金棺兩側棺板、前擋、後擋及棺底的周邊均鏨鑿圓孔，再用金絲穿結為一體，然後扣合棺蓋。

　　金棺內前部放置「佛骨」一件；後部放置一件圓形銀盒，盒內有「佛牙」一枚。而另一件銀槨置石函內，頭西尾東，外用帶花的絲綢方巾包裹，方巾在槨頂打結，坐於長方形須彌座狀的銅槨床上圍欄內，長方形，前寬後窄，前高後低。長四十公分，寬二十公分，前端殘高三十四公分，後端殘高二十四點六公分，槨板厚〇點二公分。

　　銀槨前擋和後擋邊緣包在兩側槨板上，以圓形鉚釘鉚合。前擋的上部為五邊形，高出兩側槨板，並向外傾斜，與槨床上門樓相接。下方線刻門框、門楣和門砧，並刻出兩扇門扉，上有圓形門釘七排，每排八個。

　　門框的上方壓印凸出的雙鳳紋，雙鳳間飾變形捲草紋花結，底面用乳釘紋補空。後擋的上部與前擋相同，但稍低於前擋。表面線刻仿木結構的四阿頂式建築，脊獸、瓦壟俱全。檐下有仿斗拱結構的飾件。其下刻出門框和兩扇門扉，門扉上有圓形門釘七排，每排六個。

　　銀槨兩側槨板前高後低，表面壓印凸起的僧院名稱和施主姓名。左側槨板有龍興寺僧惠談、惠宣、永寧等十二人和開元寺僧守文、可惠、德崇等十三人的法號；右側槨板有「施主助教元吉」等二十八人的姓名和女弟子皇甫氏、李氏、黃氏、楊氏等。

椁蓋為七面形，壓印古錢形紋飾。前端有歡門式裝飾，外邊翻捲扣合在椁板前端，用圓形鉚釘穿鉚，兩側透雕對稱的雙鳳戲牡丹紋。

銀椁內前部放置金棺，後部放置玻璃舍利瓶。

宋元金銀器的花紋裝飾題材廣泛，可大致分為花卉瓜果、鳥獸魚蟲、人物故事、亭台樓閣及鏨刻詩詞五類。

花卉瓜果類紋飾多象徵幸福美好、繁榮昌盛，有牡丹、蓮花、梅花、石榴、山茶、菊花、桂花、葵花、仙桃、佛手、香櫞、靈芝、芙蓉、蓮子、秋葵、荔枝、海棠、繡球等多種。

鳥獸魚蟲類用於隱喻健康、長壽和富有，如獅子、仙鶴、龜、魚、蝴蝶、蝙蝠之類。

亭台樓閣類常與其他紋飾配合，用作人物故事或以鏨刻詩詞為題材的畫面裝飾，如江蘇金壇窖藏的元代凸花人物故事銀盤，即用人物、亭閣構圖表現出唐明皇遊月宮的故事情節。

而福建邵武縣發現的宋代鎏金八角夾層銀杯，杯心鏨刻〔踏莎行〕詞一闋，杯身外壁八面分別用凸花人物、亭閣、花卉組成連環畫面，表現詞中描繪的新科狀元騎馬遊街，志得意滿的形象，整個器物的花紋圖案裝飾充滿詩情畫意。

宋代金銀器的款識除少數刻有年款、標記器物自身重量或寓意的雜款外，為數眾多的是影印金銀匠戶商號名記的款識，如「周家造」、「孝泉周家打造」、「張四郎」、「李四郎」、「聞宣造」、「丁吉父記」等。如江蘇省溧陽縣平橋鄉發現的乳丁紋鎏金夾層銀盞，口徑八至九點六公分，底徑三點七至五點七公分，高四點六公分，重九十四克。直口，斜弧腹，圈足，整體平面呈四曲海棠形。

內、外壁為夾層，在口沿處由內壁向外翻捲與外壁壓合。口沿內飾一周捲草紋帶，底部鏨刻獅子滾繡球圖案，細緻精美，外腹四曲間均為細雲紋地，中凸五顆乳釘，底部為一周覆蓮紋，圈足飾一周四瓣花組成的兩方連續圖案。外底心鏨刻「李四郎」款式。

　　這些帶有廣告性質的款識表明了宋代金銀器製作的商品化，這正是創造出各式新穎別緻、奇巧俊美金銀器製品的一個重要基礎。

　　與兩宋同時存在的遼、金、大理等國，也發現有精美的金銀器皿。遼代金銀器多為契丹貴族使用的冠帶佩飾、馬具、飲食器皿、首飾、符牌及葬具之類，大都為遼代宮廷與地方的官手工業製品。

　　以內蒙古自治區奈曼旗遼開泰七年，也就是公元一〇一八年，陳國公主駙馬合葬墓者為最精緻豐富，有金面具、鎏金銀冠、銀絲網路、金蹀躞帶、金花銀靴等組成的殯葬服飾及鏨花金戒指、纏枝花紋金鐲、鏤雕金荷包、金花銀枕、鏨花金針筒、金飾球、金花銀鉢、金花銀盒、銀長盤、銀唾盂、銀盞托、銀壺、銀罐、銀粉盒、玉柄銀刀、玉柄銀錐、鎏金銀勺與馬具等。

　　此外，內蒙古自治區赤峰市洞後村窖藏中發現遼鎏金銀雞冠壺，高二十六公分，底長二十二公分，寬十六公分。壺把為雞冠形狀，壺蓋與壺身以銀鏈相連，蓋面鏨刻對稱的四瓣花紋，外沿鏨刻八個四瓣花朵。

　　壺頸較高，四周鏨有牡丹紋。壺身鼓起，兩面鏨刻精巧，均在菱形圖案中鏨刻一隻花鹿，鹿前後各鏨刻山石、靈芝、海水，猶如仙境。

　　壺身前面呈三角形，三條邊做成仿皮繩紋裝飾。而在內蒙古自治區赤峰市大營子遼駙馬墓發現的魚鱗紋銀壺，高十點二公分，口徑七點六公分，底徑六點七公分，鏈長四十一公分，銀壺表面錘有密集的魚鱗狀紋飾，細膩逼真。

　　壺的造型為契丹民族所特有。同時墓中還有鎏金銀鞍飾，長三十八公分，寬二十公分。

　　內蒙古自治區巴林右旗遼窖藏八棱斬花銀執壺，高二十五公分，腹徑十五公分，每個棱面的開光內，鏨刻折枝花和變形纏枝花等。

　　面具也稱覆面，俗稱蓋臉，是契丹貴族的葬具，意在保護死者的面容，在死者臉上罩金屬覆面是契丹族頗為獨特的一種葬俗。

　　據史籍記載，契丹貴族有「用金銀做面具，銅絲絡其手足」的葬俗。

覆面有金、銀之分，用以區分死者的身分、年齡和性別。此器保存完整，面部輪廓清晰，頭髮後梳，眉骨突出，雙目閉合，雙唇緊閉，神態安詳。耳下及鬢兩側有孔，可繫結。在北京市房山發現有遼鎏金銀覆面，高三十一公分，最寬二十二點二公分。與此相類似的覆面在內蒙古、遼寧的遼代墓葬中均有發現。

　　五代至南宋，洱海為中心的雲南為大理國所轄。大理國是白族先民的白族貴族段思平所建立的地方政權，轄有八府四郡三十七部，範圍包括雲南和四川省西南部等地區。

　　在崇聖寺三塔主塔千尋塔的塔頂四角，原來鑄有四隻巨大的金翅鳥。「金翅鳥」又名「大鵬金翅鳥」，亦名妙翅鳥，梵名「迦樓羅」，原是古印度傳說中的大鳥，因這種鳥翅翮金色而得此名，為佛教護法神中的「天龍八部」之一，傳說能日食龍三千，能鎮水患。據李元陽《雲南通志》記載，世傳龍性敬塔而畏鵬，故以金翅鳥裝飾塔頂四角，其作用是鎮壓洱海的龍妖水怪。

　　大理地處高原，平壩易發水災，當地人認為是龍在作怪，於是佛教中的金翅鳥被請出，尊為大理國的保護神，可懾服諸龍，消除水患，用以祈求農業豐收，國泰民安。

　　在主塔塔頂一木製經幢內，發現了一件製作精美的大理銀鎏金嵌珠「金翅鳥」立像，高十八點五公分，重一百二十五克，金翅鳥頭部形似鷹首，喙爪鋒利，瞠目怒視，頭頂飾有羽冠，頸部及尾部屈起，展翅欲飛，雙足棲息於一蓮座上，尾羽作火焰狀，上嵌五粒水晶珠，頸下和鳥身相接處原鑲有三粒水晶珠，已脫落。

　　此金翅鳥形象兇猛，造型雄健有力，其製作分別採用鑄造、鏨刻、焊接、鎏金、鑲嵌等多種工藝。

　　首先是鑄出頭、翼、身、尾、足等各個部件，經細部鏨刻出羽毛紋飾和尾羽上做成對稱的鏤空裝飾，再焊接成形，並通體鎏金，然後在尾羽、頸下及雙翅兩側鑲嵌水晶珠，製作頗為繁雜精緻。

此外，崇聖寺塔主塔塔頂還發現有大理時五色塔模型舍利盒，高十九公分，底徑十二點三公分，塔模高十七公分。

金代金銀器較少，陝西省臨潼金代窖藏有金步搖、金耳飾、金片飾、銀釵、銀項圈、銀鐲，反映了金與漢族在文化上的融合。

另外，在黑龍江省綏濱中興金墓也發現有金耳墜、銀釵、銀釧、銀簪、銀耳墜、金指環、金花飾、銀鞍飾、銀碗等金銀器。

在綏濱奧里米金墓中發現金耳墜、銀釧、銀釵、銀片和帶有忍冬圖案的金飾件。這些金銀器的式樣，有的與中原地區相同，有的則具有地方特色。在黑龍江省阿城發現的銀鐲上也影印有「上京翟家」的戳記，據考證，這可能是一家由漢族人經營或有漢人參加、設在金代上京的手工業金銀店鋪。

【閱讀連結】

宋代金銀器的工藝繼承了唐代的傳統並加以改進，錘揲技法獲得了更為巧妙的利用，出現了許多具有高浮雕效果的器物；夾層工藝在宋代廣為應用，解決了胎體輕薄與形態優美之間的矛盾。

宋代金銀器中並非沒有繁複華麗的器物，但總體呈現出簡約平易的特徵，許多器物素面無紋，金銀成色也略遜一籌。唐代雍容華貴的藝術風格逐漸演化為宋代世俗化的面貌；外來文明的特徵漸趨淡化，中國傳統文化的韻味愈益濃厚。

▌樸素實用的元代金銀器

■元代朱碧山銀槎

　　元代沿襲唐宋以來的官府手工業機構，設有金銀器盒提舉司，專職掌管皇室及貴族用金銀器的製作與供給。

　　元代銀器的製作中心在浙江和江蘇。元陶宗儀《輟耕錄》記載：

　　「浙西銀工之精於手藝，表表有色者，有嘉興朱碧山、平江謝君餘、謝君和、松江唐俊卿等。」

　　這些大師名匠的作品，傳世極為罕見，僅見元代最負盛名的朱碧山大師的名器銀槎。槎，是木筏的別稱。古代神話傳說中往來於天上的木筏稱為星槎。元明以來，酒杯作成槎形，深得文人、士大夫的欣賞。

　　該銀槎形為破土蟠蜿的老根，椏杈之上瘿結錯落，枝杈縱橫。一仙風道骨的老者倚槎而坐，右手執卷，專心研讀。槎杯是用白銀鑄成後再雕刻，道人的頭、手及雲頭履等皆鑄後焊接而成，渾然一體，毫無痕跡。

　　正面槎尾上刻有「龍槎」兩字，杯口下刻有「貯玉液而自暢，泛銀漢以凌虛，杜題」行楷十四字，槎下腹部刻有「百杯狂李白，一醉老劉伶，知得酒中趣，方留世上名」楷書二十字，尾上刻「朱碧山」款識。

　　這件銀槎杯造型獨特新穎，意韻恬靜超脫，極具文人性情，工藝也達到了爐火純青的程度，是一件稀世藝術珍品。

　　元代以蘇州地區為中心的金銀器製作業十分發達，蘇州吳門橋元末張士誠之母曹氏墓發現的一批金銀器，反映了元朝金銀器製作的高超水平，其中盛放整套銀質梳妝用品的銀奩和銀質鏡架，既完整又完美。

　　此銀奩呈葵花狀六瓣形，高二十四點三公分，共有上下三層，各層之間以子母口套合，上面有器物蓋，下有銀托盤。

　　銀奩上層盛放銀刷兩把，銀鏡、銀剪和銀刮片各一件。中層內置銀圓盒四件，小銀罐一件及大小銀碟各一件，應該是化妝盒，分別盛有粉、胭脂、黃綢粉撲；下層有銀質梳、篦、腳刀、小剪刀、小盂各一件。奩內用具品種齊全，小巧玲瓏，製作精細。

　　銀奩的表面和奩內的小圓盒、銀篦、銀梳、把以及托盤盤心都飾有四季花卉組成的團花，有牡丹、芍藥、海棠、荷花、梅花、靈芝等，這些傳統花卉圖案象徵著富貴長壽、喜慶吉祥。

　　眾多的隨葬器皿中，最精美獨特的是銀鏡架，鏡架呈折合式，整體由前後兩個支架構成。後支架為主體，架身高三十二點八公分，寬十七點八公分，由兩根豎桿、三根橫桿構成，可分為上、中、下三部分。

　　中部豎向分為三組：中心一組，上段如木方形，鏨飾連續捲草紋；下段為浮雕團龍紋；左右兩組，彷彿窗型，裝飾各自對稱，上下開雕柿蒂形狀的框欄，中段鏤雕纏枝牡丹。

　　上部作如意式樣的框架，欄內雕鏤「鳳穿牡丹」，頂端聯有流雲紋襯托的葵花，有榮華富貴、丹鳳朝陽之意。下部分為支架，底部橫檔安置活絡底板，一飾突起的六瓣葵形邊框，中間浮雕鳥雀花草。

　　前支架為副架，造型與主架下半部完全相同，套入主架以銷釘相結合，可開可合。副架上部橫桿安置活動面板，一端以雙鉤斜向連接於主架中部的圓眼，成一斜面以置眼鏡。

　　面板飾六瓣葵瓣邊欄，內飾浮雕太陽和寓意月亮的月兔。日月象徵君后，比喻聖賢，這日月圖像構思在置鏡的面板，別有妙處。主副支架欄杆出頭部分均作如意頭，象徵吉祥。

　　銀鏡架設計構思新奇，仿木製框架式結構，折合式支架，開合自如。造型豪華端莊，雕鏤的裝飾玲瓏剔透，虛實相宜，體現了設計者的匠心。

　　這些紋飾，裝飾繁縟，工藝極其精湛，全是用錘子一鑿一鑿精心錘敲出來。鏡架上的紋飾猶如浮雕，凹凸得宜，層次分明，鑿子如刻刀，鑿鑿清晰，點點均衡，敲擊之後，龍騰四海，鳳舞九天。

　　江蘇省金壇洮溪發現有元代銀盤，口徑十六點五公分，板沿淺腹平底，在底部刻有阿拉伯文的回曆紀年銘文，經譯為回曆「公元七一四年一月」，即公元一三一四年，這為探討窖藏的時間提供了一定的依據。

　　洮溪還發現了一件元梵文盤，其口徑十四點八公分，板沿淺腹平底，盤口沿刻一周回紋，盤底上壓印梵文，周圍一圈為韋馱之降魔杵，梵文經鑑定為六字真言的首字「唵」。

　　元代金銀器在宋代的基礎上，其形制、品種都有進一步的發展，並形成了比較明顯的時代風格。元代由於歷史較短，金銀器為數不多；然而從文獻材料上看，當時卻有不少金銀器飾品。

　　從總體上看，元代金銀器與宋代金銀器相近似，其中銀器數量多，而金銀器品種除日用器皿和飾品外，陳設品增多，如瓶、盒、樽、奩、架等。

　　元代大多數金銀器均刻有銘款，這對研究元代金銀器的發展具有重要價值。

　　如洮溪元代窖藏螭螭銀盞，口徑六點八公分，高三點九公分。直口圓腹圈足，有一螭虎龍攀纏外壁，頭部伸出盞口，螭虎龍的造型生動活潑，栩栩如生。盞內壁刻雲螭紋，盞口外沿印有「范婆橋西徐二郎花銀」的戳記。

　　湖南省津市一處元代金銀器窖藏，發現有金器六件，銀錠兩件，其中兩件八棱龍鳳紋雙耳金套杯和花果金簪最為精緻。

八棱龍鳳紋雙耳金套杯共兩件。其中一件高六點三公分，口徑七點八公分，底徑四點三公分，重九十五克。金器以黃金製成，敞口呈八棱形，內外兩杯相套。內杯口沿外捲，圓底，高三點二公分。杯內有墨書痕跡，字跡模糊不清。

外杯平沿，口沿下累刻一圈回紋，上腹八棱形，飾對稱雙耳，下腹內折，底腹圓，焊接喇叭形圈足。紋飾以模印為主，局部鏨刻。

八棱之間凸起框內分別模印花卉、龍鳳紋。龍作盤曲狀，毛髮向上飄拂，口皆張，龍鼻上捲，背鏨刻點狀紋。鳳作飛舞狀，嘴如鷹勾，翎毛飄揚，鳳翅舒展，鳳尾舞動，彷彿在凌空旋轉翱翔，栩栩如生。該器物紋飾華麗，造型高貴典雅，應為元代達官顯貴使用之物。

另一件高六點七公分，口徑七點八公分，底徑四公分，重九十六點七克。器形、工藝與前件同，紋飾略異。金杯口沿下鏨刻一圈棱形紋，兩耳飾龍紋，兩眼圓睜，鼻碩大，面目猙獰，下面鏨刻捲草紋。

凸起框中龍生雙翼，作口吐寶珠狀；龍頭略圓，鼻上捲；龍身鏨刻脊線。鳳頸翎毛向上飛舞，勾如鷹嘴，給人以兇猛之感，似乎在表現蒙古人粗獷驃悍的游牧性格。

花果金簪長十五點八公分，最寬一點一公分，重九點七克，柳葉形，頂端岔開，兩端向下捲成小圓圈，兩組花果並聯焊接於簪上，花果皆為空心，由一根捲曲細金絲穿起。主要紋飾為藤穿花卉，棱形瓜果、石榴等，簪體鏨刻細點線捲草紋。

該簪製作精湛，紋飾華麗雅緻，為不可多得的元代金器製品。另外還有三件金器為金插花、金鳳簪和叉形金簪等。

金插花高二點五公分，寬十公分，重七點八克，呈扇形，外緣飾五行凸起的聯珠紋，內緣鏤空，兩端飾以梅花，加以蔓草、流雲紋烘托出中間一吉祥圖案，構圖巧妙，工藝精細。

金鳳簪長九點四公分，鳳首寬三公分，高一點六公分，重八點六克，圓錐形，端飾鳳首，鳳頸翎毛迎風飄忽，簪體鏨刻細線紋和捲草紋。

岔形金簪長十三公分，重四克，圓柄，上端岔開，其中一支殘，西風上飾幾何紋形，頂端嵌七根圓弧狀金絲。

銀錠兩件，長八點七公分，首寬五點六公分，腰寬二點七公分，腰厚一公分，一件重兩百九十五克，另一件重兩百八十八克。束腰式，表面微凸，其中一件表面有「王信」戳記，底及側面有許多氣孔。

根據器形和紋飾分析，這批金銀器應是元代的遺物，銀錠形制及戳有銀鋪記號的特點，與江蘇省吳縣呂師孟墓發現的銀錠相同。

龍鳳是中國歷代工藝品中常見的紋樣，而元代的龍鳳紋有很強的時代特徵，往往裝飾成為足踏捲雲，頸毛飄拂，作飛舞姿態，顯得很有生氣。元代的龍鳳紋也反映民族特徵，威猛的雄姿、叱吒風雲的氣質，這是蒙古族個性最好的寫照。從造型紋飾看，元代金銀器講究造型，素面者較多，紋飾大多比較洗練，或只於局部點綴裝飾。

然而，元代某些金銀器亦表現出紋飾華麗繁複的趨向，這種趨向對明以後金銀器風格的轉變，有著重要的影響。如江蘇省吳縣呂師孟墓中發現的如意紋金盤，高一點三公分，寬十六公分，盤以四個如意雲紋組成，線條為捶揲而成的突起陽文，兩下相互重疊，盤心又捶出四個小如意雲紋，形似花朵，其餘部位滿飾鏨刻纏枝花卉紋，盤底刻有「聞宣造」三字銘文。

該盤造型新巧，別具一格，如意雲紋既是紋樣，又是構成器形的一個組成部分，使裝飾與造型完美地結合在一起。如意雲頭尖角向外，呈放射狀伸展，為盤形奠定了方形的四角。

四個如意雲頭的八個捲渦紋以虛線相連，形成外緣圓而內緣方的圖形，而盤心的小如意雲頭則以同樣的十字交叉形式組成外方內圓的形狀，使該盤的方圓組合達到圓融無礙的境界。

兩對如意雲紋採取相疊的方式頗有創意，由於相疊，產生了平面裝飾允許範圍內的縱深感、層次感，使金盤在單純中蘊涵了更豐富的美感；同樣由於相疊，使如意雲頭原本完全相等的兩個捲渦形產生了一隱一顯、一藏一露、

一整一破、一大一小的巧妙變化，同時兩者相連又產生一個新的圖形，使觀賞效果又多一個層次。

金盤口沿的處理使器物更顯厚重，使空間層次感得到充分的渲染。該盤的空間處理除上述之外，精細的線刻牡丹紋構成了又一層次，牡丹花頭外圈呈圓形，內圈則為方形，又暗合了金盤方圓交互的審美意蘊。

牡丹花頭的細微變化也暗含玄機，上面一對如意雲頭中兩朵主要的牡丹花心有特殊的變異，一朵加刻荷花，一朵處理成石榴，這樣就更強調了上面一對如意雲頭的突出感，符合全盤重視空間變化的整體構思。此件金盤無論造型之精巧，紋飾之細膩，工藝之純熟，在元代金銀器中均不愧為代表之作，極為珍貴。

同墓中還發現有纏枝花果方形金飾件，長八點五公分，寬七點九公分，為腰帶飾件，表面高浮雕纏枝花卉。

內蒙古自治區錫林郭勒的烏蘭溝中有一座墓葬，墓中發現了蒙古汗國時期的金器和隨葬品。在眾多寶物中，最為珍貴的要數一套極為罕見的包金馬鞍飾。

這套黃金馬鞍飾，繼承了中國北方草原民族的傳統工藝，木質鞍體，鞍體外面包鑲黃金飾片。馬鞍飾全部用金片模壓捶揲而成。

海都王的女兒明月公主，經常隨父親南征北戰，還主動接受蒙古族傳統武士的訓練。明月公主十七歲起就只用一件「臥鹿纏枝牡丹紋金馬鞍」裝配自己的坐騎，而且從未間斷。

明月公主十七歲的時候，參加了忽必烈舉辦的那達慕大會，武功高強的明月公主大獲全勝，引起了忽必烈的注意，沒想到汗國之內，還有這樣的奇女子，忽必烈賜給明月公主九九八十一件賞物，其中就有一副黃金馬鞍。

然而忽必烈原先準備的作為獎品的黃金馬鞍並不適合身材嬌小的明月公主，於是忽必烈命令汗國裡最有名的工匠重新打造一具適合公主身材的黃金馬鞍。

由於公主眼睛非常美麗，當公主安安靜靜的站在忽必烈面前的時候宛如充滿靈性的神鹿，既喻吉祥也象徵公主的美麗與靈性。

圖案都是浮雕式，中心是四曲海棠形開光，一隻瑞鹿靜臥於花草之中，四周裝飾花草紋。鞍馬飾就是由它上面的紋飾而得名，叫做「臥鹿纏枝牡丹紋金馬鞍飾」。黃金馬鞍上捶揲出精巧的紋飾，甚至在馬鞍上鑲嵌寶石，在愛馬的同時也顯示了馬主人的高貴。

明月公主非常珍愛這件由自己最崇拜的人賜予的黃金馬鞍，幾乎與它形影不離。忽必烈很欣賞聰明美麗勇敢的明月公主，將她許配給汪古部裡最英勇的王子。

然而，明月公主出嫁後的第二年，她的父親海都王與忽必烈發生爭執，就在兩軍即將開戰的時候，明月公主騎著配以黃金馬鞍的戰馬來到兩軍陣前，請求停止作戰。突然，明月公主拔出寶劍在兩軍陣前自刎，所有的人都震驚了，就停止了戰爭。

失去了明月公主，忽必烈和海都王都陷入了悲傷，在美麗的錫林郭勒草原上厚葬了公主，並把她生前喜愛的臥鹿纏枝牡丹紋金馬鞍飾作為陪葬。這件「臥鹿纏枝牡丹紋金馬鞍」飾的發現，證實了那位美麗公主的存在，也讓人們彷彿看到了那位勇敢善良的明月公主的英姿。

【閱讀連結】

元朝統治者以游牧民族入主中原，其生活起居、器用服飾不可避免地會帶有北方少數民族的特色，喜用金銀等貴重金屬製作器物就是其中之一。

公元十三世紀時，義大利人馬可波羅曾到過元大都，在《馬可波羅遊記》中詳細描述了忽必烈大宴群臣的場面，對滿席陳列的金銀器具之奢侈華美尤為驚嘆，豔羨之情溢於言表。

▌生動而古樸的明代金銀器

■萬曆皇帝金冠

明代統治者用金銀珠寶製作裝飾品和生活用具，數量驚人，工藝高超，製作精細入微，集傳統花絲、鏤雕、鏨刻、鑲嵌技術之大成。

豪華精美品種繁多，如金絲織成金冠、鳳冠，嵌玉金花，僅定陵就有數百個。

江西省南昌的「益莊王金絲冠」、「金絲樓閣編花頭飾」，是以金絲編成六點七公分見方，上面又編出樹木、樓閣、仙鹿、白鶴等物，奇巧細緻之極。

明代的金銀器製造工藝高超，造型莊重，裝飾華麗，雕鏤精細。器物用打胎法製成胎型，主體紋樣採用錘成凸紋法，細部採用鏨刻法，結合花絲工藝，組成精美圖案，有的器物鑲嵌珍珠寶石，五光十色。金銀上鏨刻壓印「官作」或「行作」或工匠名及成色。

北京是明朝的都城，尤其皇帝的陵墓就在北京，因此在「明十三陵」的定陵中，發現皇帝、皇后所用的貴重的金銀器，代表了皇家氣派。其中以金冠、金壺等為代表作。

　　定陵中，萬曆皇帝的金冠重八百二十六克，由五百一十八根直徑〇點二公分的金絲編織而成，孔眼勻稱，外表光亮，沒有任何接頭痕跡。冠上鑲嵌二龍戲珠，姿態生動，龍身細鱗也是金絲掐成，是花絲鑲嵌的經典之作。

　　金冠形制由前屋、後山和金折角三部分組成，前屋部分是用極細的金絲編成「燈籠空兒」花紋，空當均勻，疏密一致，無接頭，無斷絲。

　　後山部分是採用累絲鏨金工藝而成的二龍戲珠圖案，龍的造型雄猛威嚴，具有強烈的藝術裝飾效果。翼善冠用極其纖細的金絲編結，採用傳統的掐絲、累絲、碼絲、焊接等方法，工藝技巧登峰造極，充分反映了明代金鈿工藝的高超水平。

　　明代金器在工藝上有較高的水平，並有自身特點，如常使用寶石鑲嵌等。該冠是最能代表明代金器發展水平的金器之一，具備造型大方、紋飾繁縟、用金厚重、裝飾堆砌的明代金器獨特風格。

　　鳳冠是皇后的禮冠，在受冊、謁廟或者朝會時戴用。古代皇后的服裝非常講究，常有「鳳冠霞帔」的說法，實際上，鳳冠霞帔是所有后、妃、命婦用於朝見等禮儀場合的禮服統稱，細分起來等級差別相當嚴格。

　　在《明會典》和《明史·輿服志》中有詳細記載，僅一鳳冠上的動、植物形象、種類、數量就有明顯的區別，質料、顏色、形狀更不能相同，否則下級就有犯上的大罪。

　　定陵發現的鳳冠共四件，三龍二鳳冠、九龍九鳳冠、十二龍九鳳冠和六龍三鳳冠各一頂，孝端、孝靖兩位皇后各兩頂。

　　冠上飾件均以龍鳳為主，龍用金絲堆累工藝焊接，呈鏤空狀，富有立體感；鳳用翠鳥毛黏貼，色彩異常豔麗。

　　鳳冠造型莊重，製作精美，其工藝有花絲、鑲嵌、鏨雕、點翠、穿繫等項。冠上嵌飾龍、鳳、珠寶花、翠雲、翠葉及博鬢，這些部件都是先單獨作成，然後插嵌在冠上的插管內，組合成一頂鳳冠。

　　點翠面積大，四頂鳳冠上有翠鳳二十三隻，翠雲翠葉翠花多達數百片，寶石鑲嵌多達四百餘顆，大小珠花及珠寶串飾的製作也不少。

　　最後的組裝更是一項非常複雜的工序，各飾件的放置，幾千顆珍珠的穿繫，幾百顆寶石的鑲嵌，諸多飾物於一冠，安排合理。鳳口銜珠寶串飾，金龍、翠鳳、珠光寶氣交相輝映，富麗堂皇，非一般工匠所能達到。

　　鳳冠上金龍升騰奔躍在翠雲之上，翠鳳展翅飛翔在珠寶花葉之中。

　　定陵萬曆孝靖皇后的九龍九鳳冠，高二十七公分，口徑二十三點七公分，重兩千三百克，九龍九鳳冠有珍珠三千五百餘顆，各色寶石一百五十餘塊，冠的內胎用漆木絲紮製，通體簇上各色珠寶。前部接近頂端有九條金龍，每條龍的口中銜著「珠滴」，可以在走動的時候，像步搖那樣隨步搖晃。

　　下面為點翠八鳳，另有一鳳在最後，當取九鼎之意，象徵著九州之最高統治者的夫人。冠後底部左右懸掛著翠扇式翅葉，點翠地，嵌金龍，再加上各色的珠寶花飾，集中顯示了明代鑲嵌金銀細工的發達。

　　最引人之處是在金碧輝煌之中突出了天然寶石的美質，各色的寶石都沒有磨製成統一的形狀，而是在大小基本相同的情況下，以金絲圍繞，仍保留著寶石原有的不規則形，使裝飾繁多的鳳冠免除了各圖案單位造型雷同的弱點，從而豐富、自然、富麗堂皇，令人充分感到人工和天然的完美結合。

　　六龍三鳳冠，高三十五點五公分，冠底直徑約二十公分。龍全係金製，鳳係點翠工藝製成。其中，冠頂飾有三龍：正中一龍口銜珠寶滴，面向前；兩側龍向外，作飛騰狀，其下有花絲工藝製作的如意雲頭，龍頭則口銜長長珠寶串飾。

　　三龍之前，中層為三隻翠鳳。鳳形均作展翅飛翔之狀，口中所銜珠寶滴稍短。其餘三龍則裝飾在冠後中層位置，均作飛騰姿態。

　　冠的下層裝飾大小珠花，在珠花的中間鑲嵌有紅藍色寶石，周圍襯以翠雲、翠葉。冠的背後有左右方向的博鬢，左右各為三扇。每扇除各飾一金龍外，也分別飾有翠雲、翠葉和珠花，並在周圍綴左右相連的珠串。

整個鳳冠，共嵌寶石一百二十八塊，其中紅寶石七十一塊、藍寶石五十七塊，裝飾珍珠五千四百四十九顆，冠總重兩千九百〇五克。由於龍鳳珠花及博鬢均左右對稱而設，而龍鳳又姿態生動，珠寶金翠，色澤豔麗，光彩照人，使得鳳冠給人端莊而不呆板，絢麗而又和諧的藝術感受，皇后母儀天下的高貴身分因此得到了最佳的體現，為定陵中鳳冠之首。

三龍二鳳冠為孝端皇太后鳳冠，高二十六點五公分，口徑二十三公分，鳳冠共用紅、藍寶石一百餘塊，大小珍珠五千餘顆，色澤鮮豔，富麗堂皇，堪稱珍寶之冠。

十二龍九鳳冠，冠上飾十二龍鳳，正面頂部飾一龍，中層七龍，下部五鳳；背面上部一龍，下部三龍；兩側上下各一鳳。

龍或昂首升騰，或四足直立，或行走，或奔馳，姿態各異。龍下部是展翅飛翔的翠鳳。龍鳳均口銜珠寶串飾，龍鳳下部飾珠花，每朵中心嵌寶石一塊或六、七、九塊不等，每塊寶石周圍繞珠串一圈或兩圈。

另外，在龍鳳之間飾翠雲九十片，翠葉七十四片。冠口金口圈之上飾珠寶帶飾一周，邊緣鑲以金條，中間嵌寶石十二塊。每塊寶石周圍飾珍珠六顆，寶石之間又以珠花相間隔。博鬢六扇，每扇飾金龍一條，珠寶花兩個，珠花三個，邊垂珠串飾。

全冠共有寶石一百二十一塊，珍珠三千五百八十八顆。鳳眼共嵌小紅寶石十八塊。

定陵金壺，高二十一點八公分，足徑五點九公分，托盤直徑八點三公分。此件金壺屬皇帝所有，規格極高。此金壺直口，短頸，腹部呈方形突出，其下為圓柱形，平底，腹部安有曲狀壺嘴和把手，上有金鏈與蓋紐相連，蓋紐為寶珠形，玉質。

金壺蓋部及頸部均鏨刻不同形式的雲紋，肩部鑲嵌各色寶石，腹部鑲嵌白玉團龍，四角配以海浪、捲雲紋樣，圓柱部分捶揲二龍戲珠；托盤圓唇，直壁，平底，外壁鏨刻折枝牡丹紋一周。金壺滿飾紋樣，繁縟精緻，更鑲嵌以玉石珠寶，裝飾效果華麗富貴，體現出皇家用器的非凡氣派。

　　北京除了皇帝陵，還有萬貴墓、通墓和董四墓中也都有重要發現。萬貴《明史》有傳，生於公元一三九二年，卒於公元一四七五年，為憲宗萬貴妃之父，萬通則為萬貴之子，董四是一名姓董行四的太監。

　　如北京市右安門外萬貴墓發現的鏨花人物樓閣圖八方盤，高○點九公分，直徑十六點二公分，邊長六點六公分，盤八方形，先以範鑄成型，而後鏨刻花紋圖案。盤沿為一二方連續幾何圖案，盤心主題紋飾為一組人物故事圖。

　　圖案內容極為豐富，描繪了人物、樓閣、樹木、水波、橋梁、馬匹、山石等，以人物、樓閣為主體，共刻畫人物二十一位，或騎馬、或攜琴、或交談、或對飲。

　　人物鏨刻隨意、灑脫、自如，似信筆而為，卻又極富神采，筆筆到位。重檐樓閣用筆卻極嚴謹，似界畫，一絲不苟，整體畫面動中有靜，靜中寓動，是中國傳統繪畫以鏨刻手法在金器中的再現。

　　萬貴墓海水江崖瑞獸紋金盞托，高一點二公分，徑十八點二公分，盤圓形，唇邊以範鑄與鏨花手法製成，盤沿為二方連續回紋一周，盤心為一雙鉤篆書「壽」字。

　　盤心與盤沿間為半浮雕式海水江崖瑞獸紋，水中有若隱若現的馬、龍、獅、象、魚等瑞獸。該盤在製作上突出整體的效果，不拘泥於細部的刻畫，呈現出渾厚、粗樸的風格。

　　萬貴墓還發現有鏨花金什件，長五十二公分，什件由荷葉形牌飾與下綴七物組成，牌飾上部為相對的兩隻鴛鴦立於荷葉上，荷葉下有七環，連綴七條金鏈，每鏈下各綴一物，分別是：剪、袋、劍、罐、盒、瓶、觸。每件小綴物都極精巧，尤其是罐、瓶、袋、盒通體鏨刻精美紋飾，極富裝飾性。

　　萬貴墓嵌寶石桃形金盃，高四點四公分，長六點八公分，寬五點二公分，杯體為剖開的半個桃子形，杯柄為桃枝與桃葉，杯中與柄部鑲嵌紅、藍寶石。此杯集範鑄、焊接、鑲嵌等工藝於一體，製作考究，造型構思巧妙，以現實的桃為原形，並加以提煉與昇華，紅寶石的鮮紅、藍寶石的深藍與黃金本身

的金黃三者合於一體，使本來因缺少紋樣裝飾而顯得單調的器物增添了富麗的效果。

萬通墓中最珍貴的是嵌寶石龍紋帶蓋金執壺，高十九點四公分，口徑四點四公分，底徑五點三公分，撇口，束頸，鼓腹，圈足，流、柄附於壺身兩側，蓋以鏈與柄相繫。

壺蓋、壺頸及近底部鏨刻蕉葉紋、捲草紋、如意雲頭紋、蓮瓣紋；腹部兩側火焰形開光內刻四爪翼龍兩條。蓋頂、流、柄上鑲嵌紅藍寶石共二十七顆。

北京市海淀區董四墓中發現明宣德雲鳳紋金瓶，高十三公分，口徑四點七公分，底徑八點九公分，侈口，長頸，鼓腹，平底，通體鏨刻紋飾，口沿部為捲草紋，頸部為小雲鳳紋，腹部為大雲鳳紋。

整體造型簡潔，線條收放自如，紋飾布局豐滿，圖案刻畫細膩。外底有「隨駕銀作局宣德玖年玖月內造捌成伍色金拾伍兩重外焊伍釐」款。

除北京之外，南京是大明王朝的發祥之地，在南京所在的江蘇地區，也有非常貴重而精美的明代金銀發現。

在蘇州五峰山博士塢明代弘治年間進士張安晚的家族墓中，發現了一件金蟬玉葉，位於墓主人的頭部，同時還有銀笄兩件、金銀嵌寶玉插花四件，證明這件物品是貴族女子頭上的髮簪。

一隻形神畢肖、金光閃耀的蟬，棲憩在玉葉上。它側身翹足，雙翼略張，嘴巴微開，好似在奏鳴，透明的玉葉托著它。

金蟬蟬翼左右各二：外翼長一點七公分，寬約〇點八公分，厚僅〇點二毫米，表現了蟬翼輕而薄的特點，蟬足簡化為三對，一對前足翹起，一對後足微微抬起。整個蟬體形象逼真，栩栩如生。

玉葉則長五點二公分，寬約三點二公分，係用新疆和田所產羊脂白玉精工雕刻而成，晶瑩潤澤、溫柔細膩。葉片打磨細薄呈凹弧狀，僅厚約〇點二公分，分為八瓣，有主脈一根，兩邊各有支脈四根，葉片正面的葉脈琢成弧

曲的凹槽，背面的葉脈相應搓成凸棱，使葉片極具真實感，整片葉子的邊緣礁磨得圓潤光滑。

金蟬玉葉的製作技術十分複雜。金蟬採用了壓模鑄範、薄葉延展、鏨刻、焊接等工藝。玉葉汲取傳統的陽線、陰線、平凸等多種琢玉工藝，拋光細膩，薄胎圓潤，琢工精緻，達到爐火純青的藝術境界。整個畫面構思奇巧，動靜結合，妙趣橫生，具有極高的鑑賞價值。

牛首山弘覺寺塔的塔底層中央有一圓洞，洞內發現了一座明代鎏金佛塔，塔高三十五公分，塔置須彌寶座上，座高十六公分。座正面刻有二力士像，右刻雙獅戲球，左刻雙鹿鬥角，後刻雲龍。

塔座下枋刻有題記：「金陵牛首山弘覺禪寺永充供養」，背面則是「佛弟子御用監太監李福善奉施。」

鎏金佛塔有四個壺門，內有釋迦、韋陀佛像，上施有相輪、十三天、寶蓋、寶珠等。

塔內須彌座上布置有一組佛像，須彌座內藏有珍珠、寶石、水晶、瑪瑙、玉石、骨灰等物。

整個鎏金塔安放在一個紅色砂岩雕成的須彌山形基座上，正面凹下部位放銀棺金棺，內有一軀銅鑄鍍金釋迦涅槃像，方形石座的四角各放一個青瓷罐，其中一個青瓷罐內放有一顆老年人牙齒以及骨灰等物。實際上是由鎏金塔和砂石岩塔基及四個瓷罐合成一個「金剛寶座塔」。

朱棣的孫子，朱元璋的重孫明梁莊王朱瞻自，是仁宗昭皇帝朱高熾十子中的第九子，公元一四二四年被冊封為梁王，公元一四四一年「以疾薨」，享年三十歲，「葬封內瑜坪山之原」。

梁莊王墓中最珍貴的金銀器，莫過於一件金累絲鑲玉嵌寶牡丹鸞鳥紋分心。挑心之下、髻前後口沿各簪一支者，名作分心。若再細分，則前者名前分心，後者名後分心。

　　分心的造型通常為十幾公分長的一道彎弧，正面上緣一極尖的拱，中心高，兩邊依次低下來，適如菩薩冠或仙冠的當心部分。背面或從垂直方向接一柄扁平的簪腳，或作出幾個扁管用以貫穿兩端繫帶子的銀條。

　　就裝飾題材而言，以王母、觀音等仙佛作為主題紋樣，其流行大約始於明中期，此前則以牡丹鳳凰等花鳥題材為多。

　　梁莊王墓的分心只有一件，從同出其他首飾的組合情況來看，以將它認作前分心為宜。它用金累絲做成捲草紋的底襯，正面做出嵌玉的邊框和抱爪。邊框周圍是金累絲的花葉和十八個石碗，內嵌紅、藍寶石和綠松石。

　　邊框裡嵌一枚玲瓏玉——白玉碾作一幅牡丹鸞鳥圖，一枝牡丹花開中間，鸞鳥一雙迴環左右，一隻俯身昂首，一隻轉頸顧盼，長尾與花枝交相纏繞把空間填滿。

　　分心之背以一根窄金條橫貫為撐，中央垂直焊接一柄簪腳。與分心合作一副的還有題材與製作工藝均相一致的一對掩鬢，造型為左右對稱的雲朵，中心邊框內各嵌玲瓏玉，不過是把分心的牡丹鸞鳥圖一分為二做成適形圖案。

【閱讀連結】

　　金或鎏金與珠寶和玉的結合，其流行始於明，並且在明代走向成熟。

　　金與玉的鏤空作，明人喜歡稱它為「玲瓏」。以金累絲的玲瓏襯托白玉、青玉的玲瓏，金色變得內斂，玉色變得明潤。紅、藍寶石營造出沉甸甸的華貴，使它依然有著時尚中的富麗和美豔。

▋細膩而華麗的清代金銀器

■清天球儀

　　明清兩代金銀器越來越趨於華麗、濃豔，宮廷氣息愈來愈濃厚，象徵著不可企及的高貴與權勢。

　　雖然明清兩代金銀器的發展軌跡明晰可見，但其分野之界卻非常鮮明。大體上說，明代金銀器仍未脫盡生動古樸，而清代金銀器卻極為工整華麗。在工藝技巧上，清代金銀器那種細膩精工，也是明代所不可及的。

　　北京是明清兩代皇帝居住的地方，也是一座舉世聞名的古代藝術殿堂和寶庫，其中有一件乾隆時期的稀世珍寶，名為「金嵌珍珠天球儀」。

　　天球儀，又名渾天儀、天體儀，是古代用於觀測天體運行的儀器。中國古人很早就會製造這種儀器，用它可以直觀、形象地瞭解日、月、星辰的相互位置以及運動規律。

　　這件金嵌珍珠天球儀是乾隆皇帝命令清宮造辦處用純金打造而成，高八十二公分，工藝精湛，極具奢華。天球儀的球徑約三十公分，由金葉錘打的兩個半圓合為一體，接縫處為赤道，球的兩端中心為南北極。

　　北極有時辰盤，距赤道二十三度左右。赤道與黃道相交，相交點為春分、秋分。球外正立的圈為子午圈，球體上飾列星辰，位置分布得十分科學。

　　據乾隆年間的《儀象考成》記載，天球儀有三垣、二十八宿、三百個星座，三千兩百四十二顆星。採用赤金點翠法，以大小不同的珍珠為星，鑲嵌於球面之上並刻有星座的名稱。比例恰當，位置準確，反映出清代中國高超的天文科技水平。

　　天球儀的支架成高腳酒杯狀，用九條不同姿態的行龍支撐球體，上為四條頭上尾下的騰龍擎住球體，下為頭下尾上的倒海翻江的降龍，形成支架穩固球體，中間一龍連接上下部分，成游龍抱柱狀。

　　九條行龍採用錘揲法，形成中空的圓雕，龍的表面則以抽絲法形成龍鱗、龍髯、龍睛的紋飾。行龍吞雲吐霧，形態生動，細部鏨雕精細，栩栩如生。

　　球儀的基座為圓形琺瑯盤底座，通體以細絲盤出纏枝花紋，嵌以燒藍和淡藍的琺瑯釉，以豐富多彩的色調改變了純金的單調。景泰藍座足又以四個龍首為形，採用高浮雕法，極富裝飾性。底座盤上是奔騰的海水波浪，托盤中心則是指南針。

　　支架的九龍與底盤四龍渾然一體，顧盼有神，與底座內奔湧的海水形成群龍共舞，翻江倒海的宏偉氣勢，科學的嚴謹和工藝的浪漫和諧集於一體，珠聯璧合，是一件絕無僅有的藝術珍品。

　　乾隆朝是清代鼎盛時期，同時期歐洲的科學也大為發展。乾隆也對這種新奇的西方學科產生了濃厚興趣，而且他更熱衷繁複華貴的鐘錶與靈活奇巧的機械玩具。乾隆皇帝還將科技儀器禮制化，著錄在冊。

　　這件天球儀的最大特點，一是上面的星象應該說引進了西方的星等，可以看到上面的珍珠有大有小，上面最大的珍珠象徵著天上最亮的一等星，然

後依次往下降，最小的是天上的六等星。從這個儀器可以看出中西方文化相互交流的特點。

再有一個最大的特點就是，該器外面看是一個天球儀，但是天球儀的球殼裡面實際是鐘錶的機心，在天球儀頂端南部有三個孔，這三個孔放進鑰匙之後經過旋擰，天球儀就可以慢慢地旋轉。

如此，天球儀不僅是一個天文儀器，還能夠形象地看到它不斷旋轉，表現出星象活動的景觀，這也是乾隆時期天球儀的一個新的發展。

在明代金銀器的紋飾中，龍鳳形象或圖案占有極為重要的位置，而到了清代更推向極致。如清代金鑲玉龍戲珠紋項圈，高兩公分，直徑十八公分，全器以金為皮，以玉為骨，以金裹玉，形成黃白相間的效果。

玉骨八條，或以金嵌寶相隔，或以龍首相隔。主體紋飾龍的刻畫最為生動，戲珠龍張口拱珠，雙目圓睜，角、髮向後；邊飾層次多，構圖多樣、繁複。全器運用了範鑄、鏨花、累絲、掐絲、炸珠、焊接、鑲嵌等諸多工藝，複雜而細膩。

清代金銀器保留下來的極多，大部分為傳世品，器型和紋飾也變化很大，全無古樸之意，同時反映了宮廷金銀藝術品一味追求富麗華貴的傾向。

非常有代表性的再如乾隆皇帝御製國寶「金甌永固杯」，它也是世界上金銀器代表作之一，是中國極為罕見的吉祥寶物，富有重大的歷史文化研究價值，極為珍貴。

「金甌永固杯」寓意大清的疆土、政權永固，是清代皇帝每年元旦舉行開筆儀式時專用的酒杯。每當元旦凌晨子時，清帝在養心殿明窗，把「金甌永固杯」放在紫檀長案上，把屠蘇酒注入杯內，親燃蠟燭，提起毛筆，書寫祈求江山社稷平安永固的吉語，所以「金甌永固杯」被清代皇帝視為珍貴的祖傳器物。

製作金甌永固杯，是大清歷史上最為重要的一次造寶計劃。其製作時間之長，工序之繁、藝技之精，動用人工之廣，帝王重視程度之高，在中國造寶歷史上，都是空前絕後。

乾隆四年，也就是公元一七三九年，大清內務府造辦處建立，乾隆皇帝親自掛帥，在全國三千能工巧匠中精選八十名，開始一次有史以來最隆重的大吉寶物製作工程。

直到乾隆五十五年，即公元一七九〇年，金甌永固杯製作成功，所有參與「造寶計劃」的人都封官晉爵，監製者官封六品，工人官封九品，實屬罕見。

金甌永固杯，從製作工藝、造型設計，乾隆皇帝都親自過問，數次修改。

據清《內務府活計檔》記載，乾隆皇帝前前後後下聖旨十道，比如：「金盃足子做象鼻子足子，鑲珠寶，金盃刻『金甌永固乾隆年製』之款，欽此」、「耳子夔龍上各安大珠子一顆，兩面每面安珠子五顆，中間一顆安大些，花頭要圓的，再樣呈覽，準時再做，欽此」。

一個造寶工程，帝王連下十道聖旨，所有人封官晉爵，這在世界造寶歷史上都絕無僅有。

據說當年最後一顆珍珠鑲嵌完畢，出現日月同天、金木水火土五星連珠的天文現象，這種天象歷來被認為是大吉大利。由此，「金甌永固杯」一直是清代帝王鎮朝傳家之寶。

「金甌永固杯」高十二點五公分，口徑八公分，足高五公分，杯胎用八成金製成，杯的口邊刻著迴紋，杯前正中鏤有篆書「金甌永固」，後面鏤有「乾隆年製」共八個字。

整個杯造型別緻，通體鏨刻著纏枝花卉，玲瓏剔透，上面鑲嵌著三十六顆大小珍珠、紅寶石、藍寶石和粉色碧璽。杯的兩邊是雙立夔耳，夔龍頭上各嵌一顆珍珠，底部是三象首為足，外形呈鼎式。

就在「金甌永固杯」造成的清乾隆五十五年，也就是公元一七九〇年，為了給弘曆皇帝八十歲壽辰祝壽，各省總督聚斂黃金，由宮廷匠人精心設計鑄造了十六個黃金編鐘，算是「萬壽節」的貢品，用以炫耀盛世豪富。

乾隆所鑄的這套金編鐘，共用了一萬一千四百三十九兩黃金，打破了中國歷代用銅鑄造編鐘的傳統，而這其中最重的是「無射大金鐘」，最輕的是

「倍應鐘」，銘文「乾隆五十五年製」。將鐘由低向高排列後，擊之可以演奏出美妙的音樂。

平時，這一組金鐘置於太廟中，遇有朝會、宴享、祭祀大典，才拿出來配合玉磬奏樂。古代編鐘、編磬用體量大小區分音律，金編鐘則造型劃一，用厚薄不同來分出音階，每枚鐘面鑄有陽文楷書律名。鐘的圖飾同一，都以突起的紋劃分三段：上段是雲朵；中段較寬，鑄有神態飛動的行龍，龍頭一律向左；下段是對角形雲紋，平均分布著八個平頭乳釘，是打擊點。

金編鐘造型雍容華貴，顯示出宮廷樂器兼禮器的非凡氣派，能用黃金鑄造並能打擊出不同音色，因而成為精美的樂器，世間罕有。

冠頂，又稱頂子，是清代禮帽的頂飾，用以標誌官員等級；分為朝冠用和吉服冠用兩種。朝冠頂子共有三層：上為尖形寶石，中為球形寶珠，下為金屬底座；吉服冠比較簡單，分為球形寶珠和金屬底座兩部分。底座有用金的，也有用銅的，上面常常鏨刻花紋。

如北京石景山發現的蓮瓣紋金冠頂，高九公分，底徑三點九公分，通體以金製成，上部鑲嵌寶石，中間為球形，下部為蓮瓣紋底座，為朝服冠頂。

此件冠頂以範鑄為主要的工藝，輔以鏨刻、焊接等手法，通體共十層紋飾，以圓珠紋為間隔；紋飾凸起，呈半浮雕效果，主體紋飾簡約粗放，輔助紋飾精巧細膩，整體絢麗美豔，雍容華貴。

清代金銀器的造型隨著器物功能的多樣化而更加絢麗多彩，紋飾則以繁密瑰麗為特徵，或格調高雅，或富麗堂皇，再加上加工精緻的各色寶石的點綴搭配，整個器物更是色彩繽紛，金碧輝煌。

清代金銀器的加工特點，可以用「精」、「細」二字概括。清代的複合工藝亦很發達，金銀器與琺瑯、珠玉、寶石等結合，相映成輝，更增添了器物的高貴與華美。

此外，清代還出現了在金銀器上點燒透明琺瑯，或以金掐絲填燒琺瑯，以及金胎畫琺瑯等新工藝。這類作品在清宮和廣東地區非常流行，造型華美，色調或濃郁，或雅麗，更增添了宮廷器物的富貴氣息。

從風格上看，清代金銀器既有傳統風格的繼承，也有其他藝術、宗教及外來文化的影響。正是在這種繼承吸收古今中外多重文化營養因素的基礎上，清代金銀器工藝獲得了空前的發展，展現出前所未有的洋洋大觀和多姿多彩。

清代傳世品中，亦保留了不少少數民族的金銀器，反映了當時各少數民族的傳統風俗與愛好，具有明顯的地方色彩和濃郁的民族風格。

如北京門頭溝區西峰寺清墓發現的藏文荷花金圓牌，直徑七點七公分，厚〇點七公分，圓形，邊緣寬厚，中心鏨刻圖案，呈半浮雕效果。

圓牌一面為荷葉與荷花，荷葉滿鋪，盛開的荷花或正面，或側面，間以莖稈穿插其間；構圖飽滿，疏密有致。運用範鑄、鏨刻等手法，圖案造型準確生動，紋路刻畫細膩順暢，既具寫實性又富裝飾性。

圓牌的另一面正中為圖案是漢字「壽」字，圍繞「壽」字從左側順讀為藏文六字真言「唵、嘛、呢、叭、咪、吽」，整件器物紋樣寓意吉祥與美好。

公元一六九七年，清宮正式設立中正殿念經處，專管宮中藏傳佛教事務，辦造佛像。乾隆時期，由於乾隆對藏傳佛教的濃厚興趣，在皇室內外廣建寺院、佛室，大造佛像。

當時清宮佛像製作，是先由中正殿畫佛喇嘛按皇帝旨意畫紙樣，製蠟樣，經皇帝審看同意後，交造辦處工匠鑄造，乾隆皇帝監督造像的全部過程。從選材製蠟樣直至完成，畫佛像、工匠需多次呈覽，奉旨而行。

且乾隆時期，大量的藏佛精品由西藏進貢宮廷，宮廷造像也回返西藏，內地與西藏造像藝術密切交流，相互影響。

乾隆年間憑藉朝廷的雄厚財力，由深諳造像技藝的大喇嘛指導和各族工匠的精工細作，使清代宮廷造像工藝水平達到十八世紀藏佛藝術的最後高峰。

很有代表性的一尊藏傳佛教菩薩像，是由純度很高的黃金製成，高八十八公分，且佛身與蓮座皆裝飾華麗，嵌珍珠寶石，雍容華貴，盡顯皇家氣派，應是清王朝全盛時期由宮廷的能工巧匠製作而成。

這尊金菩薩盤髮束髻，戴五葉冠，冠後僧帶向兩側下垂，兩眉之間有白毫，白毫就是眉間的痣，是智慧的標誌。

菩薩赤足站立在雙層蓮花座上，每瓣蓮上嵌水晶一顆，蓮座中間鑲嵌珍珠一周。

菩薩肩披一條銀質仁獸，據說這種形似小山羊的動物天性非常善良，常捨己救人，人們捕捉牠時，不用帶什麼圍獵工具，只要兩個人拿著刀槍到樹林中，看到仁獸就在牠附近假裝格鬥，這仁慈的小傢伙以為兩人真的要打起來了，就會跑上前去勸架，站在兩人中間怎麼也趕不走，人們趁機將牠捕獲。

這件藏傳佛教佛像是清朝國力鼎盛時期的產物，它表明了藏傳佛教在宮廷的影響。清朝貴族崇尚藏傳佛教，宮中多供養密宗法器，比如壇城。壇城即梵語中所稱的曼荼羅，佛教密宗認為這是聖賢集會修行的地方。

《國朝宮史》載：乾隆二十六年，也就是公元一七六一年，皇太后七十大壽，於年例恭進外，每日恭進壽禮九九，第三日恭進壽禮中有一九供器，為八件銀鍍金八寶及一件「毗耶淨域銀鍍金壇城一座」組成。

由此可見，在清宮，壇城可作為祝壽的恭進禮品，清宮遺留壇城頗多，金壇城卻極少，如這件金壇城，城高二十公分，座高十四點五公分，直徑十七公分。其製作之精工，無以復加，不僅體現了一流的工藝水平，而且具有相當的宗教價值，實為珍貴。

金壇城為圓形，正中台基上為正方形經殿，四面有門，殿內坐大威德及眾賢，殿頂為多層塔狀，塔周傘幢林立。城基外側雕鏨纏枝蓮花，上下飾有金珠焊綴而成的聯珠紋，壇頂邊緣外圈飾疊絲製成的八大屍陀林，中圈為火焰，內圈則排列護法杵。

金質壇城存世數量極少，此件則由清宮造辦處仿照藏傳佛教壇城製造。金壇城採取逐步升高縮小的封閉式結構，營造出一種仙山樓閣，是可望不可即的神話境界。城基為比例碩大的圓柱體，頂上圍繞的八大屍陀林卻極為纖小，使城基周圍綠松石鑲嵌的密宗法器更覺巨大神祕，暗示著法力無邊。

壇城中央又有方形台座，順四面梯形台階而上，可至方形宮室門前，其屋頂又變為圓形，最後再轉為更小的方形結構，如此不斷的方圓交替，使整座壇城有如騰空而起的仙城，引人無限遐想。

清朝時期的金銀器有被成批發現，多為清廷公主下嫁蒙古王公的陪嫁品，類別單一，但做工精湛。裝飾品占大宗，多見頭飾和手飾，紋飾有龍、鳳、鹿、蝴蝶、梅花、菊花等，因器施畫。

有件清金鏨花扁壺，高二十點三公分，寬十四公分，厚〇點五公分，口徑四公分。八成金。體為扁圓形，圓口，直頸，扁圓腹，扁方足。

頸以回紋為地，上飾三周弦紋，兩側飾夔龍耳。腹部兩面紋飾對稱，均以寶相花和夔龍為主體紋飾。壺身側面及足部亦以迴紋為飾。工藝技法以鏨刻為主，金壺上鏨刻圖案使其凸顯豪華富麗。

【閱讀連結】

清代的金銀器豐富多彩，技藝精湛。其製作工藝包括了範鑄、錘打、炸珠、焊接、鐫鏤、掐絲、鑲嵌、點翠等，並綜合了起突、隱起、陰線、陽線、鏤空等各種手法。

同時，在清代，民間許多金銀飾品在專賣店已能買到，金銀製品不再為上層社會和官府所壟斷，說明金銀器的大眾化程度很高。

應該說，清代金銀工藝的繁榮，不僅繼承了中國傳統工藝技法，也為現代金銀工藝的發展奠定了雄厚的基礎。

國家圖書館出版品預行編目（CIP）資料

金銀生輝：金銀文化與藝術特色 / 李俊勇 編著 . -- 第一版 .
-- 臺北市：崧燁文化 , 2019.12
　　面；　公分
POD 版

ISBN 978-986-516-140-8(平裝)

1. 古器物 2. 金屬工藝 3. 中國

793　　　　　　　　　　　　　　　　　108018647

書　　名：金銀生輝：金銀文化與藝術特色

作　　者：李俊勇 編著

發 行 人：黃振庭

出 版 者：崧燁文化事業有限公司

發 行 者：崧燁文化事業有限公司

E - m a i l：sonbookservice@gmail.com

粉 絲 頁：　　　　　　網 址：

地　　址：台北市中正區重慶南路一段六十一號八樓 815 室

8F.-815, No.61, Sec. 1, Chongqing S. Rd., Zhongzheng

Dist., Taipei City 100, Taiwan (R.O.C.)

電　　話：(02)2370-3310 傳　真：(02) 2388-1990

總 經 銷：紅螞蟻圖書有限公司

地　　址: 台北市內湖區舊宗路二段 121 巷 19 號

電　　話:02-2795-3656 傳真 :02-2795-4100　　網址：

印　　刷：京峯彩色印刷有限公司（京峰數位）

定　　價：200 元

發行日期：2019 年 12 月第一版

◎ 本書以 POD 印製發行

最狂
電子書閱讀活動